# 跟着课本
# 去游学

瓦猫工作室 王慧雅 著　布谷插画 绘

山西出版传媒集团　山西人民出版社

# 目录

**56 西安**
丝绸之路从这里开始
《秦兵马俑》

**2 西双版纳**
动植物的王国
《难忘的泼水节》

**62 沈阳**
一朝发祥地,两代帝王都
《为中华之崛起而读书》

**8 九江**
天下江山眉目处
《望庐山瀑布》

**68 乌鲁木齐**
离海洋最远的大城市
《七月的天山》

**74 杭州**
东南古都,人间天堂
《西湖漫笔》

**14 黄山**
自然与文化的完美结合
《黄山奇石》

**20 台湾**
日、月共生的造物传奇
《日月潭》

### 苏州
人间"天堂",园林之城
《枫桥夜泊》

98

### 丹麦
自行车上的童话王国
《海的女儿》

164

104

### 秦皇岛
港口小城,避暑胜地
《长相思·山一程》

### 英国
大不列颠岛上的璀璨明珠
《巨人的花园》

170

### 哈尔滨
冰雪之都,音乐之城
《祖父的园子》

176

### 希腊
西方文明的摇篮
《普罗米修斯》

110

### 武汉
楚中繁盛处,九省通衢地
《黄鹤楼送孟浩然之广陵》

116

122

### 敦煌
丝路重镇,壁画世界
《从军行》(其四)

**50**

大理
风花雪月的极致浪漫
《走月亮》

**44**

三亚
热带水果的超级王国
《富饶的西沙群岛》

**92**

香港
世界金融之都
《七子之歌·香港》

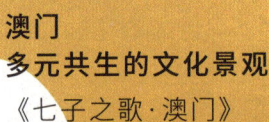

**86**

澳门
多元共生的文化景观
《七子之歌·澳门》

**38**

岳阳
洞庭天下水，江南古城池
《望洞庭》

泰安
因山得名，名扬天下
《挑山工》

**80**

**32**

重庆
西南山城，火锅之乡
《早发白帝城》

吐鲁番
盆地中的"火焰山"
《葡萄沟》

**26**

158 印度
色彩斑斓的神秘国度
《花的学校》

152 济南
一城山色半城湖
老舍《济南的冬天》

194 威尼斯
古典浪漫的水上都市
《威尼斯的小艇》

146 北京
传统与现代交融
《北京的春节》

新加坡
独具魅力的"花园城市"
《梅花魂》

140 成都
天府圣地，休闲之都
《春夜喜雨》

182 日本
浪漫唯美的樱花之国
《四季之美》

134 西藏
雪域圣地，高原明珠
《藏戏》

聊城
江北水城，两河明珠
《月是故乡明》

128

# 走，
## 一起开启探索世界的旅程吧！

# 前言

嘿，亲爱的小读者们！你想不想跳出枯燥的课堂，来一场说走就走的奇幻之旅呢？欢迎翻开这本《跟着课本去游学》，让我们一起踏上一场别开生面的游学之旅吧！

在这里，课本不再是枯燥的文字和图片，我们会把课本里的知识变成生动的现场直播，让你仿佛置身其中。接下来，我们会带你探索一个个城市独特的风俗文化，揭秘那些藏在街头巷尾的传统与习俗，保证让你大开眼界！

当然，城市的景色也是不容错过的。无论是繁华的都市街头，还是宁静的海边小城，都将成为我们镜头下的美景。最后，让我们一同品尝城市的美食吧！说到旅行，怎能少了美食的陪伴？我们将带你尝遍各地的地道小吃，让你的味蕾也来一场说走就走的旅行。

这本书，就像是一位贴心的导游，带你游遍千山万水，感受世界的广阔与美好。希望它能成为你学习路上的良师益友，陪伴你度过一段难忘的游学时光。现在，就让我们背起行囊，跟着课本，一起出发吧！

# 西双版纳
## 动植物的王国

  西双版纳傣族自治州是我国云南省下设的一个傣族自治州，这里是我国宝贵的"动植物王国"，动植物资源非常丰富。

  在西双版纳，傣族是人数占比较大的民族，他们的泼水节是当地最盛大的节日之一。让我们跟随作家钟庆，去瞧瞧西双版纳的人们怎么欢庆泼水节吧！

### 课本直播间

  周总理身穿对襟白褂，咖啡色长裤，头上包着一条水红色头巾，笑容满面地来到人群中。他接过一只象脚鼓，敲着欢乐的鼓点，踩着凤凰花铺成的"地毯"，同傣族人民一起跳舞。

  开始泼水了。周总理一手端着盛满清水的银碗，一手拿着柏树枝蘸了水，向人们泼洒，为人们祝福。傣族人民一边欢呼，一边向周总理泼水，祝福他健康长寿。

——钟庆《难忘的泼水节》（节选）

**写作手法**

这两段文字对周总理参加泼水节时的服饰、动作进行了细致描写。

第一段,形象地描绘出了周总理与当地人民一起跳舞的热闹场景,可以看出周总理和蔼可亲、平易近人。

第二段,"端""蘸""泼"等动作描写细腻准确,寥寥数笔便呈现出了周总理与傣族人民欢快泼水、彼此祝福的美好景象。从这一段精练的文字中,可以看出周总理很尊重当地人民群众的风俗习惯,人民群众也很爱戴我们的周总理。一来一往,让读者感受到了热烈的节日气氛和融洽的人物关系。

## 独特的名片

**姓名**：西双版纳傣族自治州
**地位**：中国第二大天然橡胶生产基地
**美誉**：动物王国、生物基因库
**景点**：中国科学院西双版纳热带植物园、勐泐（měng lè）大佛寺、望天树景区等
**美食**：菠萝蜜、菠萝紫米饭、酸笋煮鸡、香茅草烤鱼等

## 大名鼎鼎的"孔雀舞"是傣族舞的一种？

傣族舞是历史悠久的民族舞蹈，婀娜（ē nuó）多姿的孔雀舞是其中最为出名的一种。傣族历来就有"孔雀之乡"的称号，在傣族人心中，孔雀是美丽、善良的象征。孔雀舞模仿孔雀在山间飞跑、泉间戏水、林中漫步等时候的形态，创造出很多姿态优美的舞蹈动作。孔雀舞的表演者多为一到两人，一般不超过三人，重要特色是其"孔雀手势"。

## 鼓声中的民族之魂——基诺大鼓舞

基诺大鼓舞是基诺族人民喜爱的传统舞蹈，流传于云南省西双版纳傣族自治州景洪市基诺山基诺族乡的村寨中。舞蹈热烈奔放，风格独特，体现了厚重的文化底蕴和浓郁的民族特色。跳大鼓舞须在特定时候，如祭家神、打铁节等，有一套完整的仪式，包括祭鼓、舞蹈等，是基诺族的民间祭祀鼓舞。

# 探寻西双版纳文化

**泼水节** 傣族一年一度的重要节日,是傣族的"傣历新年"。泼水节的泼水活动,是傣族百姓希望用圣洁的水来洗去疾病、灾难,迎接美好幸福的生活。

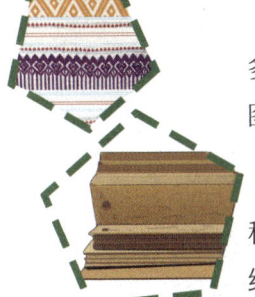

**干栏式建筑** 这种建筑样式历史悠久,上有重檐,下有敞开式柱林,这种样式的建筑不仅通风防潮,还能防晒散热。

**傣锦** 是一种在傣族民间十分流行的工艺。傣锦多用细纱作经,红线作纬,缓缓织就。傣锦手感柔和,图案别致,不仅精美,而且十分耐用。

**贝叶经制作技艺** 西双版纳的一种传统技艺,一种将佛经刻在经过处理的贝多罗树叶上的技术,已经被列入国家级非物质文化遗产名录。

## 你知道吗?

为什么说傣族人"没有章哈的歌声,就像吃菜没有盐巴"?

章哈是傣族传统的曲艺唱曲形式,也是傣族人民在日常生活中喜闻乐见的娱乐方式。目前,章哈已经被列入我国的非物质文化遗产名录。

章哈有独唱、对唱等形式,对唱有赛唱的性质,用傣族弦月玎(dīng)或者管乐筚(bì)伴奏,内容多为傣族的神话传说和原始歌谣。目前,在傣族的各种节庆活动中还会经常演唱章哈,章哈已经融入傣族人民的日常生活中。章哈对于傣族人的重要性,就像盐巴对一道菜一样!

# 西双版纳的景色

## 📍 中国科学院西双版纳热带植物园

是我国著名的植物学家蔡希陶先生于1958年组织创建的,全园占地面积约1125公顷,是至今我国面积最大、植物物种保存最多的植物园。

## 📍 勐泐大佛寺

这座佛寺是在傣王朝皇家寺院景飘佛寺的旧址上建造的,至今已有170多年的历史,很好地呈现了西双版纳的佛教文化。

## 📍 曼龙飞塔

又被称为"白塔",是由一座主塔和八座小塔组成的宗教建筑,体现了傣族人的建筑技艺。

## 📍 望天树景区

地处我国唯一被世界公认的热带雨林地区,景区中生长着东南亚热带雨林代表性植物——望天树。

## 📍 野象谷

这里被誉为"人类与亚洲野象沟通的桥梁",是以环境和动物保护为主题的国家公园。

# 西双版纳的味道

波罗蜜：西双版纳有种类丰富的热带水果,波罗蜜就是其中之一。波罗蜜又称树菠萝,果实巨大,气味香甜,在西双版纳被广泛种植。

菠萝紫米饭：将紫糯米和一些配料倒进掏去芯的菠萝中,再放入甑（zèng）锅中蒸制而成。蒸好的菠萝紫米饭既有菠萝的香甜,又有紫米暖胃益气的功效。

炸牛皮：煮熟的牛皮切成块,冷油下锅,炸到开泡。炸熟以后,色泽黄白,蘸上西双版纳特色的喃咪酱,口感更佳。

酸笋煮鸡：主要食材是鸡肉和酸笋,配以辣椒、葱姜等调料,煮透炖烂,味道酸辣可口,十分开胃。

小粒咖啡：因为西双版纳优越的地理位置、气候条件,十分适合种植小粒咖啡。这里的小粒咖啡与其他种类的咖啡相比,浓香之余还有丝丝果香,风味独特。

香茅草烤鱼：是一道以罗非鱼为主要食材的云南特色菜,在当地很受欢迎。做法如下：罗非鱼处理好洗净,将青椒、香菜等配料塞进鱼肚里,用香草将鱼捆好,用竹片夹紧,放在火炭上烘烤,八分熟左右抹上猪油,继续烘烤至熟透即可食用。

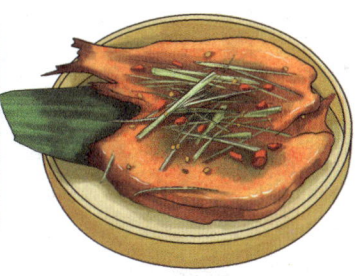

# 九江
## 天下江山眉目处

如果和父母外出旅行,看到壮丽非凡的瀑布,你会怎样形容它?有"诗仙"美称的大诗人李白和朋友来到庐山瀑布前,随口吟出的诗句飘逸潇洒、天马行空,想知道他是怎么说的吗?一起来看看吧!

### 课本直播间

日照香炉生紫烟,遥看瀑布挂前川。
飞流直下三千尺,疑是银河落九天。

——李白《望庐山瀑布》

## 作者简介

李白,字太白,号青莲居士,我国著名浪漫主义诗人,被誉为"诗仙",与"诗圣"杜甫合称为"李杜"。李白曾在唐玄宗时期担任翰林供奉,后因永王之乱被流放。李白的作品数量众多且多天才之作,文风豪迈洒脱,想象大胆瑰丽,代表作有《行路难》《蜀道难》《将进酒》《早发白帝城》等。

## 创作背景

这首诗是唐玄宗在位期间李白与友人同往庐山游玩时创作的。系列诗作共有两首,此为第二首,是李白的代表作之一。全诗仅仅二十八个字,却描绘出了庐山瀑布大气磅礴的壮观景象。

## 写作手法

《望庐山瀑布》的前两句可以看出,李白和瀑布有一定距离,远远看去,山上升起了紫烟,瀑布流得飞快。后两句则是运用比喻和夸张的修辞手法,将瀑布与九天外的银河作比,表现出瀑布的宏大气势和动态美。短短四句小诗,将瀑布的磅礴气势与大自然的奇妙瑰丽展现得淋漓尽致,也传达出了大诗人李白当时豁达乐观的心境。

特别要指出的是,夸张的修辞手法可以将事物的特点着重放大,常常会产生意想不到的表达效果。

# 独特的名片

姓名：九江
地位：江西北大门、江南名城
美誉："中国三大茶市"之一、"中国四大米市"之一
景点：庐山、白鹿书院、东林寺、石钟山
美食：庐山云雾茶、庐山三石、湖口糟鱼、九江茶饼

# 探寻九江文化

**黄梅戏** 在采茶调的基础上逐渐形成的戏曲剧种，与京剧、越剧、评剧、豫剧一起被称为"中国五大戏曲剧种"，是我国国家级非物质文化遗产，在江西、湖北、安徽等地广泛流传。

**九江秧号** 是九江很流行的一种劳动号子，内容涉及民俗伦理、古代故事、地理知识等。古代时，九江地区百姓春季插稻会唱九江秧号祈祷农事顺利，风调雨顺。

**永修杨氏弹花技艺** 是一种用木质弹弓弹棉花的技艺。永修杨氏弹花技艺在清朝就已经有了，民国时期达到最盛，一度垄断了当地的弹棉花市场。

# 中国第一大淡水湖

九江东南部的鄱阳湖,在古时又叫彭泽,是我国第一大淡水湖。鄱阳湖水位最高时,湖面面积超过三千米,最深处约为二十五米,每年水的吞吐量,比黄河、淮河、海河三条河的总量还要多。

每年10月到次年3月,鄱阳湖水位下降,湖中大量的水草、螺、蚌(bàng)显露出来,为许多动物提供了丰富的食物来源。20世纪80年代,濒危动物白鹤来到鄱阳湖,此后每年有98%的白鹤会飞来鄱阳湖越冬。鄱阳湖这一亚洲最大的越冬候鸟栖息地,已成为白鹤等越冬候鸟的美好家园。

## 你知道吗?

### 九江为什么被称为"九江"?

九江为什么会叫九江呢?主要有两种观点:第一种是认为九江这里是很多水汇集的地方,"九"被看成是很多的意思;第二种则认为,九江就是指九条河水,他们分别是赣水(今赣江)、鄱水(鄱阳湖水)、余水、修水、淦(gàn)水、盱(xū)水(今抚河)、蜀水(赣江支流)、南水(今袁水)、彭水(今信江)。不管是哪种说法,都能看出九江地区的水资源丰富。也因此,九江地区的水上交通很发达。在古代战争中,九江更是兵家必争之地。

# 九江的景色

### 📍 庐山

又叫匡庐，是著名的避暑胜地，现已被联合国教科文组织列入《世界遗产名录》。庐山风景以雄、秀、险、奇著称，陶渊明、杜甫、徐霞客等都在这里留下过名篇。

### 📍 白鹿书院

初建于唐朝。相传是唐代的九江刺史隐居在这里，并养有白鹿，因此得名。宋代朱熹在此办学，并有众多学者前来讲学，因此声名大噪。

### 📍 石钟山

位于鄱阳湖与长江的交接处，被誉为"中国千古奇音第一山"。因为山石缝隙中，水石相击，像鸣钟的声音而得名。

### 📍 东林寺

也叫"太平兴龙寺"，位于庐山北侧的佛寺，被誉为"中国佛教八大道场之一"。诗人陆游曾在这里写下《六月十四日宿东林寺》。

# 九江的味道

庐山云雾茶：中国知名绿茶，始见于秦汉时期，宋朝时已经被列为进奉宫中的"御茶"。因其茶汤明亮、味道醇厚而受到广泛欢迎。

庐山三石：庐山特色美食，石鸡、石鱼和石耳，前两种是指棘胸蛙、栉（zhì）鰕（xiā）虎鱼。石耳是一种真菌，长在石头上，也叫作石蘑。

湖口糟鱼：九江当地的传统美食，明万历时期被选为贡品送往宫中。湖口糟鱼的主要食材是鲤鱼、糯米，辅之以麻油等配料腌制、蒸煮而成。营养丰富，香味诱人。

九江茶饼：九江特色糕点，起源于唐代。它的主要原料是精粉、芝麻和茶油，薄脆酥甜，非常适合佐茶食用。苏轼曾称赞九江茶饼"小饼如嚼月，中有酥和饴"。

## 萝卜饼——九江当地的知名小吃。

1. 将面粉与猪油混合，制成稀酥面；
2. 单独用面粉发酵一团面，揉匀待用；
3. 把去皮的萝卜切成丝，并放入火腿丝，最后拌入盐、味精、糖等调味料；
4. 将发酵好的面揉匀擀开，将稀酥面涂在上面，涂抹均匀后卷起，并分成小份包入萝卜丝，按成饼状；
5. 放入平底锅中，煎至金黄即可出锅。

# 黄山
## 自然与文化的完美结合

黄山位于我国的安徽省黄山市,是我国著名的"五岳"之一。"五岳"中,除了黄山你知道其他的是哪四座吗?黄山的"奇石"又奇在哪里呢?让我们跟随作家的脚步,一起去看一看秀丽神奇的黄山吧!

### 课本直播间

中外闻名的黄山风景区在我国安徽省南部。那里景色秀丽神奇,尤其是那些怪石,有趣极了。

就说"仙桃石"吧,它好像从天上飞下来的一个大桃子,落在山顶的石盘上。

在一座陡峭的山峰上,有一只"猴子"。它两只胳膊抱着腿,一动不动地蹲在山头,望着翻滚的云海。这就是有趣的"猴子观海"。

"仙人指路"就更有趣了!远远望去,那巨石真像一位仙人站在高高的山峰上,伸着手臂指向前方。

——《黄山奇石》(节选)

### 写作手法

　　《黄山奇石》整篇文章使用的是"总—分—总"的结构，节选部分首先整体介绍黄山的怪石，然后分别举例描绘不同石头的"相貌"。这样的写作思路十分清晰，且详略得当，值得我们借鉴。

　　具体来看，描写"猴子观海"时，作者连续使用了"抱""蹲""望"等几个动词，把这块像猴子的奇石写得活灵活现，十分有趣。描写"仙人指路"时，把"巨石"当成在指路的"仙人"，尤其是"站""伸""指"等动词的使用，使"仙人"形象更加生动，奇石的特点也被描绘得惟妙惟肖。通过对这些有趣怪石的描写，表达了作者对祖国壮美河山的热爱和赞美之情。

姓名：黄山
地位：徽文化发祥地
美誉：徽商故里
景点：黄山风景区、徽州古城、宏村、牯（gǔ）牛降九龙景区、歙（shè）县牌坊群鲍家花园景区
美食：臭鳜鱼、深渡毛豆腐、徽墨酥、黄山毛峰、干腌斋（jī）烧肉

## 独特的名片

## 探寻黄山文化

**徽剧** 徽剧是安徽安庆及江浙一带著名的剧种之一，其内容十分丰富，唱腔则以吹腔、拨子、皮簧等为主。

**新安画派** 明末清初时，安徽附近地区十分活跃的画派。新安画派以为"枯笔皴（cūn）擦、简淡深厚"为风尚，代表人物有丁瓒（zàn）、李永昌等。

**跳钟馗** 又称为"嬉钟馗"，是一种流行于安徽等地区的民间舞蹈。每年端午节，百姓们扮起钟馗，玩耍巡游，有祈求平安、驱邪降福之意。

**黄山摩崖石刻群** 黄山摩崖石刻主要有两种形式：题刻和碑刻，其中题刻较多，有200多处，涵盖篆、隶、行、草等多种字体，碑刻有40余处。

## 安徽的盆景名气很大吗？

这是真的！安徽盆景是我国盆景艺术的重要流派之一，距今已经有千年的历史，因其受到"新安画派"画风的影响，所以又叫"新安派"。相传，徽派盆景早时集中在皖南地区一个叫作"卖花渔村"的地方。卖花渔村四周多山，气候湿润温和，生长了很多奇花异草，尤其是以黄山松和梅桩为特色，这些都为制作盆景提供了得天独厚的条件。卖花渔村的百姓常将制作好的盆景挑到城镇上去沿街售卖，村子也随着盆景的大量售出远近闻名。

### 你知道吗？

**徽商，真的是富得流油吗？**

徽商是发家于徽州的商帮。明朝万历年间，南方的徽商是唯一能与北方晋商相提并论的商帮。民间俗语形容徽商："钻天洞地遍地徽。"可见当时徽商随处可见。但当时走上经商的道路，徽商多少有些无奈。徽州当地山多地少，人多粮少，吃饭成了大问题。好在徽州本地盛产竹、木、漆、纸等，临近的鄱阳湖盆地和浙江商品经济非常发达，当地人便开始在江浙一带做起了生意。凭借着灵活的商业头脑，徽商逐渐发展壮大，越来越富！

# 黄山的景色

## 📍 黄山风景区

黄山被誉为"天下第一奇山""人间仙境",是世界文化与自然遗产。其景观以奇松、怪石、云海、温泉、冬雪等五绝著称。

## 📍 宏村

建造于南宋年间,是当地百姓仿照牛的身体构造建造出的人工水系村落。在这里,房屋、山、水与人融为一体,自然与人文完美融合,也因此被评为世界文化遗产。

## 📍 徽州古城

徽州古城位于黄山市,是徽文化的重要发祥地之一,被誉为"文物之海""文化之邦""徽墨之都"等。

## 📍 歙县牌坊群鲍家花园景区

这里有一连七座的古牌坊、凝重沉稳的古祠堂以及徽派盆景为主题的鲍家花园等景观。

## 📍 牯牛降九龙景区

牯牛降总面积达18535公顷,森林覆盖率超过97%,代表性自然景观有仙女潭、牯牛湖、潜龙谷等,被誉为"绿色自然博物馆"和"华东物种基因库"。

臭鳜鱼：徽州当地的特色美食之一，主要食材是产自徽州的桃花鳜，因制作前需要先用肉卤或者盐腌制，所以又被称为"腌鲜鳜"。

# 黄山的味道

深渡毛豆腐：因使用深渡盛产的毛豆腐为主要食材而得名，是徽州当地的特色小吃。毛豆腐经过油煎，形成虎皮色的外皮，因而又被叫作虎皮毛豆腐。

黄山毛峰：黄山当地的特色茶叶，是我国十大名茶之一。黄山毛峰色泽光亮，颜色微黄，整个叶片上有淡白色的细绒毛。

**干腌齑烧肉**：安徽当地特色菜。

1. 将大白菜晾到八九成干；

2. 加入盐，水煮晾好的白菜；

3. 捞出后，再晾到全干，这就是腌齑；

4. 制好的腌齑与肥瘦相间的肉同炒，出锅后就是一道肥而不腻、口舌生香的干腌齑烧肉。

制作工序

# 台湾
## 日、月共生的造物传奇

　　台湾岛是我国的第一大岛,与福建省隔海相望。日月潭是我国宝岛台湾上的著名景点,因造型独特,每年都会吸引数以千万计的游客前去观赏。在台湾岛上,除了日月潭之外,你是不是也好奇还有哪些好玩的、好吃的?让我们跟随作者的脚步,一起漂洋过海,到台湾岛去看看吧!

### 课本直播间

　　清晨,湖面上飘着薄薄的雾。天边的晨星和山上的点点灯光,隐隐约约地倒映在湖水中。

　　中午,太阳高照,整个日月潭的美景和周围的建筑,都清晰地展现在眼前。要是下起蒙蒙细雨,日月潭好像披上轻纱,周围的景物一片朦胧,就像童话中的仙境。

　　日月潭风光秀丽,吸引了许许多多的中外游客。

——吴壮达《日月潭》(节选)

### 作者简介

　　吴壮达,毕业于中山大学,曾经参与《辞海》(修订版)的编纂工作。

### 写作手法

《日月潭》这篇文章，先是介绍了日月潭的地理位置和形状，再按照时间顺序介绍不同时间日月潭景色的特点。我们在描写景色时，经常会按照空间顺序描写，其实时间顺序也是一种很好用的方法，可以帮助读者更全面地了解景色。

节选文章中的第一段，描写的是清晨日月潭的景色，湖面薄雾朦胧，隐约倒映着点点灯光。第二段描写的则是中午的日月潭，相比之下更加清晰。随后，作者带着读者想象：雨天正午的日月潭会是怎么样的呢？一个比喻"童话中的仙境"，如梦似幻，非常形象。正是因为日月潭不管晴天还是雨天，不论早上还是中午，都有秀丽的景色，因此最后一句"吸引了许许多多的中外游客"才水到渠成，也起到了收束全文的作用。

# 独特的名片

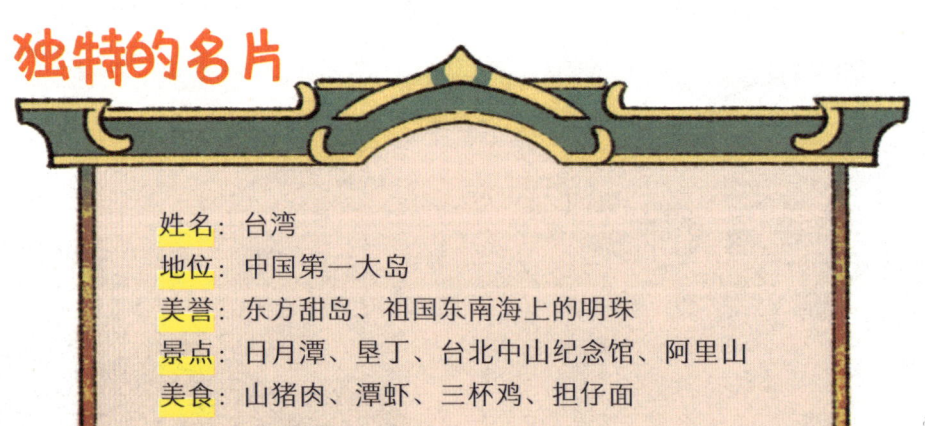

姓名：台湾
地位：中国第一大岛
美誉：东方甜岛、祖国东南海上的明珠
景点：日月潭、垦丁、台北中山纪念馆、阿里山
美食：山猪肉、潭虾、三杯鸡、担仔面

# 探寻台湾文化

**送王船** 送王船送的是"代天巡狩"的王爷。台南的百姓认为农历四月二十六是王爷的生日，因此在这一天要举行热闹的王爷巡游活动。趁此机会，商人们祈祷生意兴隆，文人雅士祈祷金榜题名。活动一般会持续一个月。

**南管戏** 南管戏也称"梨园戏"，是闽南语系中最古老的戏曲形式，表演者分为生、旦、净、末、丑等。如果是大人扮演的称之为大梨园，小孩扮演的则称为小梨园。

**北管戏** 北管戏也称为"弹戏"，是我国北方语系的代表戏曲形式，其唱腔多为"板腔体"，唱词多为7字一句或10字一句。

**宋江阵** 是当地迎神会上经常进行的团体表演，原本108人为一团，现在一般以36人为一团，配上锣鼓伴奏进行表演。

# 台湾的木偶表演——布袋戏

布袋戏是从福建地区传到台湾的，又叫掌中戏。布袋戏的表演道具很简单，是一个用布袋连接的有头、手、脚的人物造型，人物的尺寸很小，用手掌手指就可以操作。布袋戏通常是两人操作布袋人物，另外几个人伴奏。每当当地人休息的时候，找一个街头巷尾或者祠堂谷场，搭一个小小的戏台，就可以进行布袋戏表演了。因为以前人们的娱乐活动很少，且布袋戏不限制时间、地点，随时可以即兴表演，所以流传十分广泛。

## 你知道吗？

### 日月潭为什么叫作"日月"潭？

日月潭位于阿里山和玉山之间，是台湾当地最大的天然湖泊。关于它名字的由来，与它的形状有关。在日月潭中，有一个小岛。从高处看，北半部像一个圆圆的太阳，南半部则像一个月牙。整个看来，这座湖有太阳形状又有月亮形状，因此得名日月潭。每到秋天，当地的高山族人会在圆月之夜唱歌跳舞，加上周围楼阁亭台的点缀，如诗如画，令人流连忘返。

# 台湾的景色

## 📍 垦丁

它被称为台湾岛的"天涯海角",位于台湾岛的最南面。垦丁三面环海,这里除了一般海岛的沙滩、海浪和贝壳外,还有钟乳石洞、沙瀑、珍贵植物等独特景观。

## 📍 台北中山纪念馆

台北中山纪念馆是为了纪念孙中山一百周年诞辰而建造的。纪念馆整体呈现出一种东方古典美,正方形造型,典雅含蓄,很符合中国传统建筑特色。

## 📍 阿里山

阿里山位于台湾中部。阿里山上气候宜人,草木葱茏,有多种鸟类栖息,是台湾地区百姓避暑度假的好地方。

## 📍 野柳地质公园

野柳地质公园位于台湾地区新北市,因为受到地壳运动和风蚀作用等的影响,这里有着豆腐石、壶穴、蜂窝石、海蚀洞沟等多种多样的地理景观。

# 台湾的味道

山猪肉：山猪肉是日月潭景区里很有名气的美食，这里的猪肉不仅肉质细腻，最重要的是油脂特别少，吃起来不柴不腻，香味浓郁。

潭虾：潭虾也是日月潭景区的美食之一，是生长在日月潭中的虾。将虾油炸过后，鲜香四溢、爽脆可口。潭虾与曲腰鱼、齐力鱼等都是日月潭著名美食。

三杯鸡：是台湾的代表菜之一，选用上等鸡肉，以一杯米酒、一杯酱油、一杯黑麻油（或香油）烹制而成，色泽鲜亮，口感软滑细嫩，酱汁醇厚香浓，风味独特。

担仔面：是一种用特殊肉臊和油面调制而成的面，并且还要浇上煮的汤头，这样做出来的面香浓爽利，广受欢迎，怪不得当地人说："凡有华人的地方，就有担仔面。"

**鸭赏：** 所以称为"赏"，是因为鸭子做好之后的造型类似一个"赏"字。

制作工序

1. 将肥美的鸭子去掉毛和内脏，用竹片将鸭子的身体撑开；

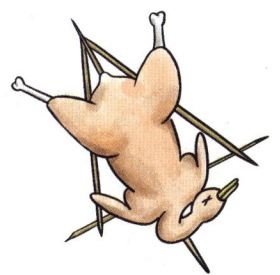

2. 把各种调料和香料制成的佐料均匀涂抹到鸭子的身上，进行暴晒；

3. 把处理好的鸭子放进燃烧着甘蔗和木炭的小铁箱中慢慢烘烤；

5. 把烤熟的鸭子切成片，并配上糖、醋、酒、蒜等食用。

4. 鸭子身体上的油脂渗出，呈金黄色后，将鸭子从铁箱中拿出；

# 吐鲁番
## 盆地中的"火焰山"

看过《西游记》的同学，大概都会对小说中热气撩人的火焰山印象深刻。在我国的新疆维吾尔自治区中部的吐鲁番，四面环山，地势低洼，而且干燥少雨、非常炎热，尤其是一座叫克孜勒塔格的山，一直被中外游客看成是现实版的"火焰山"。这座"火焰山"中都有些什么呢？让我们跟随作家的脚步，一起去看看吧！

### 课本直播间

葡萄种在山坡的梯田上。茂密的枝叶向四面展开，就像搭起了一个个绿色的凉棚。到了秋季，葡萄一大串一大串地挂在绿叶底下，有红的、白的、紫的、暗红的、淡绿的，五光十色，美丽极了。要是这时你到葡萄沟去，热情好客的维吾尔族老乡，准会摘下最甜的葡萄，让你吃个够。

——权宽浮《葡萄沟》（节选）

### 作者简介

权宽浮，陕西人，作品有中篇小说《边城匿影容》，戏剧《左宗棠出塞》等。

### 写作手法

这篇《葡萄沟》的前两句，通过比喻的修辞，将梯田上茂密的葡萄枝叶比喻成凉棚，"一个个"的形容，形象表现出葡萄叶子一个压着一个，突出了葡萄叶层层叠叠、异常茂密的效果。"到了秋季……美丽极了。"这一句先是从红、白、紫、暗红、淡绿等颜色上对葡萄沟的葡萄进行描写，可以看出葡萄沟的葡萄正在逐渐成熟，"五光十色"一词强调了葡萄颜色繁多且非常有光泽感，漂亮、诱人。这里从不同角度、不同细节对对象进行描写的思路非常值得我们在写作中借鉴学习。最后一句，对热情的维吾尔族老乡的讲述，表达了作者内心对葡萄的赞叹和对勤劳好客的老乡的赞美，喜悦之情跃然纸上。

## 独特的名片

姓名：吐鲁番
地位：乌鲁木齐门户
美誉：中国葡萄圣城、古丝绸之路上的重镇
景点：高昌古城、交河故城、阿斯塔那古墓群、艾丁湖
美食：吐鲁番葡萄、吐鲁番葡萄干、葡萄酒、高粱馕（náng）

## 吐鲁番真的有座火焰山？

　　吐鲁番的火焰山，其实是维吾尔语中的克孜勒塔格，意思为红色的山。这座火焰山东起流沙河，西到桃儿沟，主峰海拔超过830米。火焰山气温极高，夏季最热时超过75摄氏度，太阳直射的地方更是高达80摄氏度。除了高温，这里被称为火焰山的另一个原因是它的山体颜色。火焰山整体呈深红色，尤其是日出或者日落的时候，整座山被映衬得红彤彤的。火焰山这个名字真是名副其实啊！

# 探寻吐鲁番文化

**吐鲁番木卡姆** 这是一种起源于民间，集合了歌、乐、舞于一身的综合艺术形式，至今仍在很多城市、乡村流行，目前已经被列为国家级文化遗产。

**吐鲁番博物馆** 博物馆占地面积17000多平方米，是地方性综合博物馆。这里展示着吐鲁番出土的信札、文书和契约等，具有珍贵的历史价值。

**沙疗所** 这是吐鲁番当地人将病体部位深入沙中治疗疾病的一种方法。他们认为沙中干热、高压，同时具有高磁力，可以治疗腰疼、腿疼以及关节炎等疾病。

# 世界最低的吐鲁番盆地？

吐鲁番盆地位于我国西北部地区的天山脚下，南北宽约75千米，东西长约245千米。吐鲁番盆地中，最高的山峰是海拔5445米的博格达峰。

因吐鲁番盆地的地势下陷，多洼地，因此很多村子所在的位置都低于海平面。其中，吐鲁番盆地的最低点是艾丁湖，它处在海平面下154米，是我国陆地的最低点。也可以说吐鲁番盆地是世界范围内最低的盆地。

## 你知道吗？

**为什么说吐鲁番是"沙子里面烤鸡蛋，戈壁滩上烙大饼"？**

吐鲁番流传着这样一句话："沙子里面烤鸡蛋，戈壁滩上烙大饼。"这是因为吐鲁番的气候异常干燥，尤其是在盛夏时节，在阳光的照射下气温很高，盆地的低洼地势又使得这些热量不容易发散出去。这也导致吐鲁番6~8月的平均温度都保持在38摄氏度以上，每年都有40天左右气温高达40摄氏度以上，最高时甚至近50摄氏度，这时沙漠表层温度更是高达80摄氏度以上！在这样的高温下，在沙子里放上鸡蛋、饼子，大概真的会被烤熟吧！

# 吐鲁番的景色

### 📍 高昌古城

高昌古城位于火焰山南面，古城里有很多宫殿的遗址和富有宗教特点的建筑。目前，高昌古城已经被列入丝绸之路世界文化遗产申请的名单中。

### 📍 交河故城

位于新疆吐鲁番盆地，是世界上最大、最古老且保存最完好的生土建筑城市之一，曾是丝绸之路上的重要交通枢纽。故城内遗留有佛寺、民居、商铺等文化遗迹，展现了多元文化的交汇融合。如今，交河故城已成为国家重点文物保护单位，吸引着众多游客前来探访。

### 📍 艾丁湖

这里是吐鲁番最低点，比海平面还要低150多米，是除了死海之外世界上最低的陆上低地。

### 📍 阿斯塔那古墓群

高昌城官民从西晋至唐代的公共墓地，占地约10平方千米，现存墓葬约500座。这里出土了上万件珍贵文物，包括文书、墓志、壁画、丝织品等，是研究新疆历史、文化、民族交融的重要实物资料。该古墓群于1988年被列为全国重点文物保护单位。

# 吐鲁番的味道

**吐鲁番葡萄**：吐鲁番的气温高，白天太阳照射时间长且昼夜温差大，所以种植出来的葡萄味道非常甜美，而且有玫瑰香、黑葡萄、白布瑞克等五百多个品种。

**吐鲁番葡萄干**：每到八九月份，吐鲁番的农民们便会把成串的新鲜葡萄挂到晾房中晾干，这种晾制方法不添加任何防腐剂，十分健康环保，同时最大限度地保留了葡萄的风味。

**葡萄酒**：使用的是吐鲁番当地的无核白葡萄，捣碎的白葡萄与白糖混合，放入木桶中，经过几个月的发酵便可饮用。

**高粱馕**：吐鲁番的高粱馕是当地百姓日常生活中非常常见的食物，在祭祀、节庆、娶妻生子等活动中必不可少。

1. 选择托克逊生产的白高粱，并加入中筋粉、牛奶、鸡蛋、酵母和植物油等一起和面；

2. 将揉好的面进行醒发，醒发好之后再继续揉面；

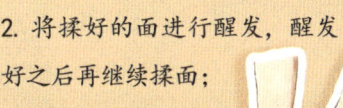

3. 用面制作出好看的造型，最后放到馕坑中进行烘烤；

4. 待高粱馕烤至软硬适中、表皮金黄即可取出。

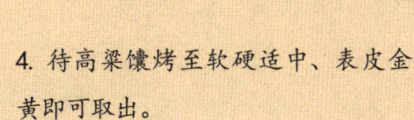

**制作工序**

# 重庆
## 西南山城，火锅之乡

重庆坐落于我国的西南部，地处长江上游地区，是现今西南地区规模最大的工商业城市。这座城市在历史上曾有一个雅致的名称——恭州。恭州改名为重庆，是因为南宋时期宋光宗赵惇先封恭王，后即帝位，认为是"双重喜庆"，于是就将恭州升为重庆府，取"双重喜庆"之意而命名。这座城市由此正式更名为"重庆"，并沿用至今。这座到处飘着火锅香气的城市，到底是怎么样的呢？让我们跟随李白的脚步，一起去大饱眼福和口福吧！

朝辞白帝彩云间，千里江陵一日还。
两岸猿声啼不住，轻舟已过万重山。
——李白《早发白帝城》

### 创作背景

白帝城位于重庆市奉节城东,公元759年,青年李白因受李璘(lín)牵连,被流放他乡。途中,李白意外听说大赦天下的消息,心情瞬间大好,便乘坐小船,经白帝城顺流而下前往江陵。李白一生中多次为重庆作诗,每次的心境都不尽相同。

### 写作手法

《早发白帝城》的前两句,写诗人早晨告别高耸入云的白帝城,远在千里之外的江陵只用一日就能回去。夸张和对比同时使用,突出了作者被赦免的喜悦和历经困难迸发的豪情。有时候两种或者多种修辞同时使用,会有意想不到的好效果!

后两句诗歌,李白又夸张地表达:两岸猿声还在耳边不停地啼叫,不知不觉轻舟已穿过万重山峰。不仅从视觉的角度写了自己看到的,还从听觉的角度写了自己听到的。同时描写多个器官的感受,让诗句更加生动。

## 独特的名片

姓名：重庆
地位：国际门户枢纽、中国西部金融中心
美誉：山城、江城、雾都
景点：磁器口古镇、解放碑、朝天门、钓鱼城、北温泉
美食：重庆火锅、泉水鸡、水煮鱼、烧白、重庆担担面

## 探寻重庆文化

**大足石刻** 它的历史十分悠久，至今流行于重庆大足区等地。大足石刻多以本地的砂石、紫袍玉、汉白玉等为材，雕刻菩萨、佛等的雕像。色泽剔透，被誉为"现代文物"。

**川江号子** 是四川、重庆一带船工们干活时一起歌唱的传统音乐，已经被列入我国非物质文化遗产名录。其特点是曲调高亢、洪亮，具有极强的凝聚力。

**梁平木版年画** 重庆市梁平区的木版年画已经被列入国家级非物质文化遗产名录。与其他地方的年画不同，这里的木版年画朴素浑厚、粗犷彪悍，题材多来自戏曲、神话等。

**秀山花灯** 这是重庆秀山土家族苗族自治县的一种民俗活动，集合了歌舞、曲艺、杂技、仪式等于一身，主要流程包括：设灯堂、启灯、跳灯和辞灯等。

# 为什么重庆叫"山城"？

重庆又被叫作"山城"，不仅因为它依山而建，而且因为它这座城市本身过于"立体"。如果来到重庆，你会发现这里一山更比一山高，就说长江沿岸和嘉陵江沿岸的建筑吧，好似层层叠叠地建在了群山之上，整座城市很难找到两条建在同一平面上的街道，取而代之的是交错盘旋、上下纵横的立交桥。每当夜色来临，高低起伏的万家灯火和闪烁的立交桥灯光交相辉映，引人无限遐想。这大概就是山城的独特魅力吧。

## 你知道吗？

### 热辣的重庆火锅是怎么来的？

提到重庆，让人第一时间想到的是火热的天气，还有同样热辣的重庆火锅。这种以"麻、辣、鲜、嫩、烫"为特色的地方美食，一年四季都很受欢迎。重庆火锅在明末清初时就已经有了，是很多纤夫、船工喜欢的食物。那时候小贩们会挑着担子，将泥炉、铁盆等用具和食材都挂在上面，将香辣可口的卤汁煮得翻滚，再把处理好的黄喉、毛肚、鸭肠等放入分格的铁盆，一群疲惫的纤夫、船工围在一起吃起来，经济实惠还能很快补充体力。

# 重庆的景色

📍 **磁器口古镇**

这里是清朝运转瓷器的重要场所,因此得名磁器口。镇里汇集了重庆当地众多的风土民俗,是感受重庆文化的首选。

📍 **解放碑**

重庆最著名的建筑之一,是我国抗日战争胜利时建造的纪念碑,后来成为我国西部第一条商业性质的步行街。这里高楼林立、车水马龙,处处散发着现代国际化的气息。

📍 **钓鱼城**

钓鱼城位于合川区钓鱼山上,是一座规模庞大的古战场遗址。它地处峭壁之上,三面环水,至今这里还可以看到当时的城墙、皇宫、军事码头、城门等遗址。

📍 **北温泉**

重庆当地温泉众多,北温泉是当地的四大温泉之一。因北温泉所在地空气清新,景色优美,且温泉舒适,这里在清代就被誉为"第一泉"。

📍 **朝天门码头**

它处在长江与嘉陵江交会的位置,是当地最大的水运码头、综合市场,也是重庆十七座古城门中的一座。这里每年夏天会有"夹马水"景观,是当地著名的旅游地。

# 重庆的味道

### 烧白

这是川渝地区宴请菜肴"三蒸九扣"中的一种。以带皮五花肉和宜宾芽菜为主要食材，经过煎制、炖煮等多道工序制作而成，口味微甜，十分解馋。

### 泉水鸡

重庆地区一道传统地方特色菜。在重庆，有时会"一鸡三吃"，除泉水鸡外，还有鸡血旺和炒鸡杂。泉水鸡是将鸡肉放入瓦罐，并加入泉水煮制而成，香辣爽口。

### 水煮鱼

水煮鱼是在川渝地区的火锅鱼基础上改进而来的菜品。通常会选用新鲜草鱼，加入大量辣椒和花椒，鱼肉口感鲜滑、香而不油，麻得上头，辣得过瘾。

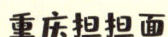

### 重庆担担面

所谓的"担担"其实是重庆话，指的是竹编的挑担，挑担两端，一端是面条、碗筷、佐料等，另一端则是火炉、煤炭、锅子等，一副挑担担起了制作担担面的所有家当。担担面方便、好吃，是重庆人很喜欢的特色小吃。

1. 准备调料：首先准备好葱花、芽菜末和花生碎等，并用芝麻油调好芝麻酱；
2. 将猪油、辣椒油、酱油、味精等与上述调料放在一起调均匀；
3. 水开后，加入豌豆尖，豌豆尖熟后加入事先准备好的面条，面条也煮熟后捞出；
4. 将调料撒于面上，再撒些葱花作装饰即可。

# 岳阳
## 洞庭天下水,江南古城池

岳阳市位于湖南省东部,这里的岳阳楼、洞庭湖等一众风景,让岳阳的自然和文化合二为一,成为国内外游客非常热衷的旅游胜地。岳阳有哪些好吃的、好玩的呢?让我们追随"诗豪"刘禹锡的脚步,去岳阳看一看吧!

### 课本直播间

湖光秋月两相和,潭面无风镜未磨。
遥望洞庭山水翠,白银盘里一青螺。

——刘禹锡《望洞庭》

### 作者简介

刘禹锡是我国中唐时期的著名诗人,被誉为"诗豪",他与白居易一起被世人称为"刘白"。刘禹锡在公元793年中进士,后受到当时的主政者王叔文的重用,担任监察御史一职。公元805年,王叔文失势,刘禹锡受牵连被一贬再贬。刘禹锡的代表作品有《竹枝词》《乌衣巷》《浪淘沙》等。

### 创作背景

《望洞庭》这首诗创作于公元824年,是刘禹锡被贬南荒途经洞庭湖所作。刘禹锡被贬期间,多次来往于洞庭湖,适逢秋天的只有写作《望洞庭》这一次。

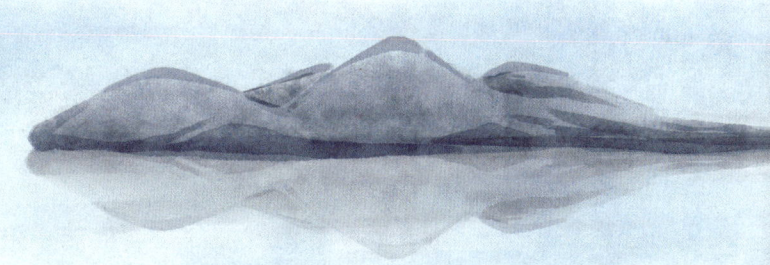

### 写作手法

《望洞庭》的前两句,描绘出波光闪烁的湖水与清澈皎洁的秋月相映成趣。潭水表面平静无风,就像一面未经打磨的镜子,这是近景描写。"镜未磨",突出了水面平静的特点。再看后两句,洞庭湖的山水景色,就像白银盘中的一只青螺,这是远景描写。特别要说的是"白银盘里一青螺"这个比喻,实在精妙!在银辉的映衬下,洞庭湖好像一枚青色的小螺,诗人的气度可见一斑。远、近不同景色在诗人笔下切换自如,非常值得我们学习。

## 独特的名片

姓名：岳阳
地位：中华文化发源地之一
美誉：江南最早的古城之一
景点：岳阳楼、洞庭湖、屈子祠、五尖山公园、福寿山、君山公园
美食：岳阳小龙虾、洞庭银鱼、君山银针、君山虾饼、麻辣鸭子

## 探寻岳阳文化

**岳阳花鼓戏** 它是岳阳当地十分流行的戏曲剧种，吸收了民间小调和山歌的元素，曲风明快质朴，具有浓郁的乡土气息。

**洞庭渔歌** 洞庭渔歌是洞庭湖一带古时便有的歌曲形式，有时对唱，有时独唱，有时合唱。歌词通常是渔民即兴抒怀，随口编唱的。曲调悠扬婉转、节奏丰富，饶有趣味。

**岳阳铲子船** 岳阳铲子船是一种岳阳当地的木船，多用于运输谷物。这种船坚实耐用，桅杆高、船帆大、吃水深，一般配合舵和桨使用。

**岳州扇制作技艺** 岳阳制作扇子的历史悠久。其扇骨的主要材料是楠竹，一把扇子要经过制作毛坯、扇骨、扇面和切通4个流程、72道工艺才能完成。

**平江皮影** 平江皮影戏是当地特色，与其他地方皮影戏的区别在于，曲调和声腔不同，唱法是翻高，也就是可以猛然提高四到八度。平江皮影戏多用京二胡伴奏，用"京搭汉"腔调。

# 范仲淹与《岳阳楼记》

岳阳最著名的风景名胜之一要数岳阳楼。它与江西南昌的滕王阁、湖北武汉的黄鹤楼，一起被称为"江南三大名楼"。岳阳楼能够名扬天下，又与北宋文学家范仲淹的名作《岳阳楼记》密不可分。《岳阳楼记》写作于公元1046年，当时岳阳楼刚刚重修完毕，范仲淹应自己的好朋友、当时的巴陵郡太守滕子京邀约，写下了《岳阳楼记》。

其中，"先天下之忧而忧，后天下之乐而乐""不以物喜，不以己悲"成为千古名句。

## 你知道吗？

**洞庭湖上的"风王船"？**

洞庭湖上有一种船，因为造型独特，稳定性强，能在7级风中乘风破浪，因此被称为"风王船"。其实，这不是所谓风王驾驶的船，而是一种名叫风网船的船。风网船的两个船舷上各挂着一仔船，与主船形成三体合一的特殊造型。这样的造型非常适合在洞庭湖这样大风大浪的湖中行驶，甚至可以破4米高的水浪。

# 岳阳的景色

### 📍 五尖山公园

五尖山由五座大山组成，分别是望城山、轿顶山、麻姑山、周家山、鹰嘴山。山中还有形态各异的怪石林立，有的像神蛙，有的像金龟，非常逼真。

### 📍 屈子祠

屈子祠是为了纪念爱国诗人屈原建造的纪念馆。它是典型的江南建筑，除了主殿外，还有桃花洞、骚坛和独醒亭等。

### 📍 福寿山

原宗教圣地，主峰高达1500多米。历史上，福寿山还是军事要地，明清时期的多次战乱中福寿山都是兵家争夺的地方。现在，福寿山自然景色与福寿文化已融为一体。

### 📍 君山公园

君山公园在岳阳市的西南位置，比较著名的景点有：传说能够通往洞庭湖中龙宫的柳毅井、女英与娥皇的坟墓，以及传说一旦有敌人到来就会自鸣的自鸣钟。

### 📍 洞庭湖

洞庭湖位于长江中游，是我国的第二大淡水湖，为古代云梦泽的遗迹。目前，洞庭湖分为东洞庭湖、西洞庭湖、南洞庭湖三部分，总面积超过2000平方千米。

# 岳阳的味道

岳阳小龙虾：岳阳的小龙虾养殖在稻田中，虾身呈青色，十分干净，且肉质紧实鲜美，口感爽滑。登上岳阳楼、品尝洞庭湖的小龙虾是岳阳的一大特色。

洞庭银鱼：也叫面条鱼，是一种通体无色的圆条状小鱼。洞庭湖银鱼没有鱼鳞和鱼刺，味道鲜美，很适合老人和小孩食用。

君山银针：它是岳阳黄茶中的代表，被誉为中国十大名茶之一。君山银针的形态均匀、周身长着淡黄色的茸毫。冲泡君山银针，茶汤明净，味道清香甘醇。

君山虾饼：君山虾饼的主要原材料就是洞庭湖一带打捞上来的鲜虾，鲜虾裹上面粉糊，经过油炸，金黄香脆，吃上一口，让人停不下来。

**麻辣鸭子**：湘阴地区广受喜爱的一道美食。

1. 将洗干净的鸭子剁成小块，待油锅七成热时，将鸭子倒入，炒一下沥油捞出；
2. 把红辣椒丝、葱姜等炒香，再放入刚刚处理好的鸭子；
3. 在锅中加入佐料和清水焖炒，最后加入淀粉勾芡后盛出。

# 三亚
## 热带水果的超级王国

海南岛仅次于台湾岛,是我国的第二大海岛。三亚位于海南的最南边,也是我国重要的贸易口岸、通向世界的窗口。三亚生活着回族、苗族、黎族等多个少数民族。你在三亚这样的海岛上生活过吗?是不是也很好奇海岛生活是怎么样的?我们一起来一趟海岛的浪漫旅行吧!

### 课本直播间

鱼成群结队地在珊瑚丛中穿来穿去,好看极了。有的全身布满彩色的条纹;有的头上长着一簇红缨;有的周身像插着好些扇子,游动的时候飘飘摇摇;有的眼睛圆溜溜的,身上长满了刺,鼓起气来像皮球一样圆。各种各样的鱼多得数不清。正像人们说的那样,西沙群岛的海里一半是水,一半是鱼。

——《富饶的西沙群岛》(节选)

### 写作手法

　　西沙群岛位于海南岛东南,是我国南海的四大群岛之一。节选的《富饶的西沙群岛》中,"有的全身布满彩色的条纹……鼓起气来像皮球一样圆",等排比句的使用,从珊瑚丛中鱼儿们的色彩、形态等多角度对这些鱼进行了描写,生动翔实,让阅读者有身临其境的感觉,是我们可以学习的写作方法。当然,这样的细致描写离不开写作者的细致观察!最后一句"西沙群岛的海里一半是水,一半是鱼",使用了夸张的手法,突出了西沙群岛鱼很多的特点。前面的排比和后面的夸张,有局部有整体,共同描绘出一个色彩斑斓、鱼类丛生的水下世界。

## 独特的名片

姓名：三亚
地位：国际旅游城市
美誉：天涯海角、东方夏威夷
景点：亚龙湾旅游区、天涯海角风景区、海山奇观、西岛
美食：嘉积鸭、文昌鸡、东山羊、椰子汁、和乐蟹

## 探寻三亚文化

**闹军坡** 闹军坡是海南特有的民间节日，主要在农历正月上旬至三月中旬举行。人们通过此活动祭祀祖先、历史人物和神灵，祈求风调雨顺、子孙平安。军坡节热闹非凡，包括婆祖巡游、舞狮舞灯、演琼剧等特色民俗活动，吸引大量游客前来体验。

**府城元宵换花节** 至今已经有一千多年的历史了。"换花节"起源于"换香节"，人们互换香烛，寓意延绵子嗣。后来改为"换花"，现在，换花节已经成为凝结着友谊与幸福的节日。

# 海南黎族非遗——打柴舞

海南生活着很多少数民族，黎族是其中之一。打柴舞是很具有黎族特色的传统舞蹈，目前已经列入我国的非物质文化遗产名录。打柴舞一般会在晒谷场进行，平行摆开两条方木作为垫架，垫架上横放几根长竹竿，持竿者有节奏地碰撞竹竿，这就是当地人口中的"打柴"。打柴时会有舞者跳到两根竹竿之间舞动，动作粗犷，富有感染力和节奏感，是我国宝贵的文化遗产。

## 你知道吗？

**海南曾经是个"流放之地"？**

在我国古代，犯罪的人有些会被流放到条件艰苦、环境恶劣的地方作为惩罚，当时的海南就是这样一个地方。海南岛是四大流放地之一。北宋时期的大诗人苏轼就曾经因罪流放到海南。

**黎族织锦** 它是海南地区黎族人的一种传统纺染织绣技艺，已经被联合国教科文组织列入非物质文化遗产名录。黎族织锦色彩鲜艳，以织花为主，刺绣很少。

**黎族三月三** 黎族人的传统节日，是年轻人追求爱情、祈祷幸福的日子。在众多地方的三月三中，三亚的三月三因其原始特色而著称。

# 三亚的景色

### 🔴 亚龙湾旅游区

亚龙湾是我国唯一一个具有热带风情的国家级旅游度假区，被誉为"天下第一湾"。这里海湾平静，沙滩银白，青山连绵，全年平均气温25摄氏度左右，非常适合度假。

### 🔴 天涯海角风景区

天涯海角位于马岭山下，在古代这里曾是流放逆臣的地方，但在后来逐渐演变成颇具传奇色彩的旅游胜地，由烽火台、望海阁、怀苏亭等景点组成。

### 🔴 海山奇观

位于海南西部。这里有幽洞奇岩、碧波万里，保存比较好的景点有海山奇观、石船、仙梯、小洞天、试剑峰等，不少文人雅士曾登临这里并留下诗作。

### 🔴 西岛

西岛又叫玳瑁（dài mào）岛。岛周围生长着很多漂亮、完整的珊瑚，还有很多色彩斑斓的热带水生物，如狮子鱼、青衣鱼、小丑鱼、海星、海葵、海螺等，并且这里非常适合潜水。

# 三亚的味道

嘉积鸭：嘉积鸭是海南当地的一种鸭子，又称番鸭。因饲养方法特别，番鸭的皮薄、骨软、肉质鲜嫩，用其做成的板鸭、烧鸭和白切鸭都非常有名。

文昌鸡：文昌鸡因主要食材是产自文昌的鸡而得名，在三亚也很受欢迎。文昌鸡骨软肉香，色泽油亮，蘸上特制的佐料，让人赞不绝口。

东山羊：东山羊这道菜为海南四大名菜之一，因主要食材是产自东山的黑山羊而得名。东山羊的做法有很多，如煮、烧、炖等，讲究的是汤浓肉肥，香而不腻。

椰子水：三亚本地盛产椰子，口渴时来一口清凉甜美的椰子水真是过瘾。也可以把椰子肉和椰子水一起榨汁饮用，味道更加醇厚。

和乐蟹：和乐蟹也是海南四大名菜之一，其主要食材是产自和乐镇淡水与海水交汇处的和乐蟹。和乐蟹大多膏满肉肥，尤其是清蒸和乐蟹，配上姜蒜醋等佐料，非常美味。

# 大理
## 风花雪月的极致浪漫

云南省位于我国西南地区，是我国边境线最长的省份之一。大理是云南省下辖的大理白族自治州的首府，古时也是南诏国的都城。大理不仅有令人神往的绝色美景，还有让人吃起来就停不住嘴的各色美食，如饵块、烤乳扇等。这里有很多有趣的东西等待你去发现，走吧，我们这就跟随作家的脚步踏上发现之旅吧！

### 课本直播间

细细的溪水，流着山草和野花的香味，流着月光。灰白色的鹅卵石布满河床。哟，卵石间有多少可爱的小水塘啊，每个小水塘都抱着一个月亮！哦，阿妈，白天你在溪里洗衣裳，而我，用树叶做小船，运载许多新鲜的花瓣……哦，阿妈，我们到溪边去吧，去看看小水塘，看看水塘里的月亮，看看我采过野花的地方。

——吴然《走月亮》（节选）

### 作者简介

吴然,云南人,曾任《春城晚报》儿童副刊《小橘灯》的主编。他创作了不少儿童散文和散文诗,比较具有代表性的有《小鸟在歌唱》《珍珠雨》等。

### 写作手法

《走月亮》(节选)前两句,两次使用了"流"这个字,香味和月光都如溪水一样可以流淌,没有形态的气味和光线都被作者写得活灵活现,跃然纸上。"抱"字的使用,是典型的拟人修辞,形象地写出水塘的形状以及倒映在水塘中的月影,为原本冰冷无情感的水塘、月影都灌注了满满温情。段末"哦,阿妈……"的多次出现,回环往复,形成一种活泼俏皮又十分悠扬的旋律感,这种写作技巧在我们自己写作时也可以尝试使用。

## 独特的名片

姓名：大理
地位：大理白族自治州的首府
美誉：第一批国家 24 座历史文化名城之一
景点：洱海、苍山、蝴蝶泉、崇圣寺三塔
美食：喜洲粑粑、白族三道茶、烤乳扇、饵块

## 想要蜡染一块布料，你需要几道工序？

蜡染这种工艺，在整个云南地区都很流行。虽然各地的具体操作方法有所差别，但整体的工艺流程大致如下：

**首先** 设计好图案，并绘制在布料上；

**其次** 在图案上将不需要上色的部分用蜡涂上；

**再次** 将涂好蜡的布放入颜料中浸泡，反复几次；

**最后** 将染好色的布从颜料中拿出来，放到清水中清洗，反复几次。

清洗、晾干后的布料，可以通过熨烫去除残留的蜡，使其更加平整，再缝制成各种衣服或者包等。

# 探寻大理文化

**白族火把节** 白族火把节是白族人民盛大的传统节日，通常在农历六月二十五日举行。节日期间，村民们会竖立高大的火把，进行点火仪式；并围绕火把载歌载舞，庆祝丰收、祈求平安。火把节不仅展现了白族人民对火的崇拜，还促进了村落间的团结与和谐，是白族文化生活中不可或缺的一部分。

**白族民居彩绘** 大理的白族民居彩绘是国家级非物质文化遗产。大理的建筑多为土木结构、白墙灰瓦，建筑上的图案也多以黑白灰三色为主，并辅以木雕装饰，民族特色十分鲜明。

**三月街** 三月街是白族最盛大的节日之一，每年农历三月十五日开始，历时七天。三月街由庙会发展而来，现在兼具集市、文艺表演、地方体育交流等功能。

**白剧** 白剧是云南地区白族很喜欢的戏曲样式，其中融合了白族的民歌、舞蹈等，经典剧目有《红色三弦》《阿盖公主》《苍海花》等。

## 你知道吗？

### "大理四绝"指的是什么？

大理的四绝是"风花雪月"，具体来说是下关风、上关花、苍山雪、洱海月。下关位于山口，苍山洱海的风大多来自这里，也因其位置特殊，风力强劲，甚至高达10级。上关花说的是大理的草原花海，因为大理的气候冬暖夏凉，很适合植物生长，所以四季都有鲜花盛开。苍山雪指苍山雪线以上常年有积雪。洱海月则是说洱海中倒映的月亮。

# 大理的景色

## 洱海

洱海是云南的第二大淡水湖,被誉为"群山之间的无瑕美玉"。名字中的一个"海"字,表达了当地百姓对海的向往。洱海面积约250平方千米,有三岛、四洲和五湖等景观。高处俯瞰洱海,宛如新月。

## 苍山

苍山共19座山峰,其中最高的是4122米的马龙峰。苍山上常年积雪,山与山之间有小溪流淌,形成了著名的"十九峰十八溪"的奇观。

## 蝴蝶泉

地处苍山脚下,因每年会有成千上万的蝴蝶在这里聚集而得名。清澈的湖水之上,蝴蝶品种各异,五彩斑斓,非常壮观。

## 崇圣寺三塔

崇圣寺三塔在大理古城的西北方向,三塔中最高的一座是千寻塔,为16层密檐式塔,高达60多米。崇圣寺三塔与身后的苍山、身前的洱海,共同形成了一幅雄浑的景致。

# 大理的味道

喜洲粑粑：是大理喜洲当地很流行的一种麦面烤饼。是在发酵的小麦粉中加入碱、葱花、花椒、油渣等烤制而成，味道咸香，口感酥脆。

白族三道茶：这是白族人招待客人时的饮茶习惯，所谓"三道"，一是苦茶，多为烤制出的茶；二是甜茶，会在茶中加入红糖、核桃等；三是回味茶，会加入花椒、蜂蜜等。

烤乳扇：烤乳扇是云南当地人招待客人的一种扇形乳制品。乳扇分为黄乳扇和白乳扇，可以烤制以后食用，也可以直接食用，味道醇香，营养价值很高。

饵块：这是云南的特色美食之一，也是云南十八怪中的一怪——米饭饼子烧饵块。

**它的制作方法有很多种，比较常见的是下面这种：**

1. 将泡过的大米，蒸至六七分熟；
2. 将米倒进舂中捣碎、研磨，揉成砖状，制成饵块；
3. 利用造型各异的模具，将饵块做成各种讨喜的造型，也可以将其切成片与火腿、鸡蛋等食材炒在一起食用。

# 西安
## 丝绸之路从这里开始

西安，古称长安。与开罗、雅典、罗马并称为"世界四大古都"。我国曾经有十三个王朝将都城建在这里，这座历史悠久的城市，是丝绸之路的起点，也是兵马俑出土的地方。这里还有哪些精彩的故事呢？让我们跟随作家临青一起到西安看看吧！

### 课本直播间

将军俑身材魁（kuí）梧，头戴金冠，身披铠甲，手握宝剑，昂首挺胸，站在队伍前列，像是在指挥身后的军吏和士兵行进。那神态自若的样子，一看就知道是久经沙场、肩负重任的高级将领。

武士俑高1.8米左右，体格健壮，体态匀称。身上穿着战袍，套着铠甲，脚上蹬着前端向上翘起的战靴，头发大多挽成了偏向右侧的发髻。它们有的握着铜戈，有的擎着利剑，有的拿着盾牌。个个目光炯炯，双唇紧闭，神态严峻，好像一场大战就在眼前。

——临青《秦兵马俑》（节选）

### 作者简介

临青,山东人,曾在西北大学作家研究班学习写作。其作品有长篇小说《黄河万古流》,中篇小说《酩酊岁月》等。

### 写作手法

如果想描写人物群像,可以从哪些角度来写?《秦兵马俑》给我们做了很好的示范。全篇来看,作者用"总—分"的思路对兵马俑进行描述。总写兵马俑的出土地点、规模情况等,接着分别写不同类型的兵马俑。节选的两段是作者对将军俑和武士俑分别描摹。作者对将军俑的穿着打扮、动作、神态进行写实描写的同时,还进行了有趣的想象;描写武士俑时更是使用了精准的数字,让描述更加准确,也能让读者感受到兵马俑的威严气势。

## 独特的名片

姓名：西安
地位：关中平原城市群核心城市
美誉：八水绕长安
景点：大雁塔、西安城墙、骊山国家公园、碑林博物馆
美食：凉皮、羊肉泡馍、臊子面、肉夹馍

## 探寻西安文化

**陕西锣鼓** 陕西是中国的锣鼓盛地，人们在节庆、重大典礼的时候都会敲起锣鼓。陕西锣鼓节奏明快多变，恢宏热烈，能在外表演，也适合舞台演出，被誉为"天下第一鼓"。

**长安画派** 陕西当地很有代表性的画派，绘画风格淳朴古拙，多表现黄土高原的山水和农民的勤劳，凝聚着陕西特有的乡土风情，代表画家有石鲁、赵望云等。

**都城庙会** 每年正月初一到十五，西安都会举行城隍庙庆祝活动。庙会上有表演武术杂技的、高跷社火的、相声戏剧的、书法茶道的，林林总总，十分热闹。

# 陕西十大怪之一——秦腔吼起来

陕西著名的十大怪之一是"唱戏吼起来",其实说的是陕西当地的特色戏剧——秦腔。秦腔又被称为"百戏之祖",这是因为它的历史悠久,是我国最古老的戏种之一,我国的很多种戏剧都源于秦腔。秦腔的唱腔特色是激越高亢,用的是实打实的真嗓子,所以听起来像是在吼一样。

## 你知道吗?

**秦始皇兵马俑是"世界第八大奇迹"?**

秦始皇兵马俑位于骊山与渭水之间,大体复刻了秦始皇时期的兵马、武器装备以及战争阵法。秦始皇兵马俑这一中国最大的古代军事博物馆被誉为"世界第八大奇迹"。"世界七大奇迹"的说法不一,有一种说法认为"世界七大奇迹"分别是埃及胡夫金字塔、奥林匹亚宙斯神像、巴比伦空中花园、摩索拉斯陵墓、阿尔忒弥斯神庙、罗德岛太阳神巨像以及亚历山大灯塔。

**兵马俑石榴节** 西安是兵马俑的故乡,每年秋天也是石榴的海洋。骊山上火红的石榴非常漂亮,到兵马俑、华清池游玩,品尝不同品种的石榴、登上烽火台都是不错的游玩项目。

# 西安的景色

## 📍 西安城墙

作为中国现存规模最大、保存最完整的古代城垣，位于陕西省西安市中心，全长约13.74千米，高12米，顶宽12~14米，底宽15~18米。这座城墙主体始建于明洪武年间，是在唐长安城基础上扩建而成，拥有四座主城门及多处军事设施，如护城河、箭楼等，展现了古代军事防御体系的智慧。城墙不仅是西安的地标，也是游客感受古都风貌的必游之地。

## 📍 大雁塔

唐代玄奘法师为了保存经书而主持修建的，整个塔高64.5米，共7层，是西安地标式建筑。大雁塔石门的门楣和门框上雕刻着精细的佛像和对联，具有很高的艺术价值。

## 📍 碑林博物馆

是在北宋末年的孔庙旧址上修建的，位于西安市区，占地面积近3.19万平方米。这里收藏、陈列着各朝代的墓志、碑石及石刻，仅碑石就有13568件/套。

## 📍 骊山国家森林公园

公园位于西安市临潼区，西安著名的景观"骊山晚照"就在这里。骊山海拔1300多米，山上松林茂密，风景秀丽，因此骊山又被称为"绣岭"。

# 西安的味道

凉皮：凉皮切成条，加入花椒油、蒜末和黄瓜丝等佐料、配菜，清凉爽滑，口感丰富，是夏季非常受欢迎的地方小吃。

羊肉泡馍：西安当地人通常习惯把羊肉泡馍当成早餐，炖煮得软烂入味的羊肉、鲜美醇厚的羊汤，加上吸饱汁水的馍丁，大大一口进嘴，异常满足！

臊子面：酸辣可口，主要特色在于岐山醋做的臊子。面条过凉水后更加筋道，配色丰富，既好看又好吃。

**肉夹馍**：西安最具代表性的美食之一。

1. 准备5厘米见方的五花肉，放入砂锅，加入姜片、花椒等佐料后，再加入冷水煮开。五花肉去除血水后，捞出洗净。

2. 冰糖炒化，加入五花肉，翻炒至上色，加入热水炖煮约两个小时；

3. 将发酵好的面团揉压排气，按成小饼状，放入平底锅烙至两面金黄；

4. 最后将烙好的饼切开，中间夹上切碎的卤肉即可。

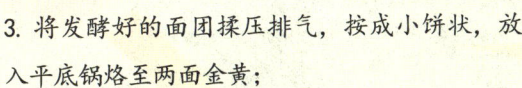

制作工序

# 沈阳
## 一朝发祥地，两代帝王都

　　沈阳位于我国东北地区的南部，是辽宁省的省会。努尔哈赤和皇太极曾在这里建立都城。新中国成立以后，沈阳以重工业闻名全国，被誉为"共和国装备部""共和国长子"！同时，这里还出土了很多旧石器时代的遗址和古生物化石。这么丰富的一座城市，你是不是也很好奇它的"庐山真面目"？我们一起去看看吧！

### 课本直播间

　　新学年开始了，修身课上，奉天东关模范学校的魏校长向学生们提出了一个严肃的问题："你们为什么而读书？"

　　"为家父而读书。"

　　"为明理而读书。"

　　"为光耀门楣而读书。"有人干脆这样回答。

　　有位同学一直默默地坐在那里，若有所思。魏校长注意到了，他打手势让大家安静下来，点名让那位同学回答。那位同学站了起来，清晰而坚定地回答道："为中华之崛起而读书！"

——《为中华之崛起而读书》（节选）

### 作者简介

周恩来，字翔宇，1898年3月生于江苏淮安，在南开学校毕业后前往日本学习。是我国伟大的无产阶级革命家、政治家、军事家和外交家，中国共产党和中华人民共和国主要领导人之一，中国人民解放军创建人之一。

### 写作手法

《为中华之崛起而读书》整篇文章写了三个小故事，节选部分是第一个故事，12岁的周恩来已经清楚地认识到：如果想要不受帝国主义欺凌，唯一的出路就是国家振兴，而作为一名学生，他能做的就是好好读书，为中华崛起而读书。节选部分的情节可以看出周恩来远大的志向。

## 独特的名片

**姓名**：沈阳
**地位**：辽宁省省会
**美誉**：新中国重工业基地、共和国装备部
**景点**：昭陵、广佑寺、沈阳植物园、辽宁古生物博物馆、沈阳中街
**美食**：西塔冷面、打糕、沈阳烤鸡架、沈阳小土豆

## 探寻沈阳文化

**关东微雕** 流传于沈阳地区的一种独特的微雕艺术，以其微小精细的雕刻技法著称，作品常需借助放大镜观赏。该技艺融合了多种雕刻手法，如影雕、浮雕等，形成了独特的艺术风格，代表作品包括《将进酒》等。

**皇寺庙会** 是围绕实胜寺（皇寺）举行的传统民俗活动，已有三百余年历史。庙会期间，人们祈福、赏戏、品尝美食，展现浓厚的关东文化氛围，成为当地不可或缺的年俗活动之一。

**李氏民间掐褶纸** 非物质文化遗产，以纸张为主要原料，经过选料、裁纸、掐褶、做形、粘贴、组装六道工序制成各种造型的工艺品。其作品种类丰富，形神兼备，立体感强，展现了高超的技艺和艺术造诣。

**沈阳满族刺绣** 源自辽沈地区,具有满族传统特色。针法多样,色彩鲜明,作品题材广泛,涉及生活方方面面,寓意吉祥。已被列入国家级非物质文化遗产名录,是沈阳独特的文化符号,展现了满族刺绣的魅力与传承。

## 沈阳怪坡有多怪?

沈阳有一著名风景区叫作怪坡风景区,位于沈阳市清水台镇附近。说它怪,是因为在这个坡上,汽车熄火以后可以向坡上滑行,但自行车在下坡的时候却需要使劲儿蹬车才能下去。

### 你知道吗?

#### 沈阳也有故宫?

我们都知道北京有故宫,其实在清军入关前,努尔哈赤和皇太极是把皇宫建在沈阳的。后来随着清军进入北京城,皇宫才迁到了北京,有了我们现在经常说的北京故宫。沈阳故宫占地面积达6万多平方米,大政殿位于中间,装饰华丽,用于举行典礼,两侧分列十间亭子。崇政殿则是努尔哈赤日常临朝的地方。如今,沈阳博物馆中陈列着明清两代的画作、雕刻、漆器、陶瓷等。

# 沈阳的景色

## 广佑寺

位于沈阳市中心。广佑寺始建于汉代,是佛教传入中国后比较早的寺庙,重修后,整体风格在辽代风格基础上吸取了明清建筑的精华。寺中有天王殿、大雄宝殿、藏经阁、僧舍等。

## 清昭陵

位于沈阳北部,是清代皇太极和孝端文皇后博尔济吉特氏的陵寝。清昭陵于1651年建成,是"外关三陵"里规模最大的,占地面积有318万平方米。清昭陵内建有华表、石狮子、石桥等。

## 沈阳植物园

沈阳植物园始建于1959年,占地面积约211公顷。园内有2200多种植物,是东北地区植物种类最多的植物园,每年都会有多种植物展览。

## 辽宁古生物博物馆

是我国规模位于前列的古生物博物馆,占地面积约19000平方米,其中有很多珍贵古生物化石,如赫氏近鸟龙、赵氏祥龙、沈师鸟、辽宁古果等。

## 沈阳中街

被誉为"东北第一街"。沈阳中街由中街路、小东路、小西路等组成,钟楼、鼓楼及各种商业店铺林立其中,尤其是晚上,热闹非凡。

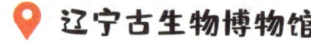

# 沈阳的味道

西塔大冷面：沈阳的传统美食，是源自朝鲜族的特色风味。作为现压冷面，其面条劲道，配以特别熬制的冷面汤，口感清凉爽口。冷面汤分咸口和酸甜口两种，可满足不同顾客口味需求。夏日食用，尤其能消暑解渴。

大清花饺子：大清花饺子历史悠久，在清朝时便有了。大清花饺子味浓、鲜香，带有浓重的乡土气息，是非常有名的东北美食。

打糕：是一种糯米制成的朝鲜族特色美食。将糯米蒸熟后，置于木槽中反复沾水捶打而成，食用时可以加上白糖、豆面、蜂蜜等配料。

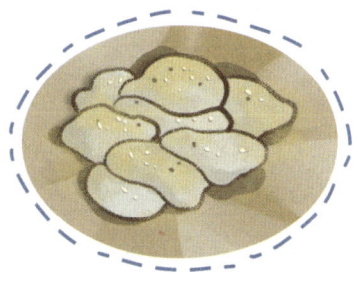

沈阳烤鸡架：沈阳又被叫作"鸡架之城"，鸡架的消耗量居全国前列，除了炸鸡架、煮鸡架、拌鸡架等，烤鸡架当属一绝，炭香夹杂着肉香，油而不腻，十分诱人。

**沈阳小土豆**：一种以沈阳当地的小土豆为主要原料的小吃，土豆越小味道越好。

1. 锅中加油，将八角、姜片和葱炒香，加入猪肉，炒至微焦后加入胡椒粉、白糖和老抽等；
2. 加入小土豆，翻炒后加入清水少许；
3. 大火开锅后转成小火焖烧，待汤汁变少加入事先准备好的尖椒和香菜即可，如果能吃辣的还可以再加一些辣椒油，味道会更香。

# 乌鲁木齐
## 离海洋最远的大城市

天山位于亚欧大陆带,是世界七大山系之一,也是世界上距离海洋最远的山系。天山山脉横跨包括中国、哈萨克斯坦、吉尔吉斯斯坦和乌兹别克斯坦在内的四个国家。目前新疆天山已经被列为世界自然遗产。天山这样一座"庞然大物"会是什么样的呢?让我们一起跟随作家去看看吧!

### 课本直播间

走进天山深处,山色逐渐变得柔嫩,山形也逐渐变得柔美。这里溪流缓慢,萦(yíng)绕着每一个山脚。在轻轻荡漾着的溪流的两岸,满是高过马头的野花,五彩缤纷,像织不完的锦缎那么绵延不断,像天边的霞光那么耀眼,像高空的彩虹那么绚烂夺目。马走在花海中,显得格外矫健;人浮在花海上,显得格外精神。在马上你用不着离鞍,只要稍一伸手就可以捧到满怀心爱的鲜花。

——碧野《七月的天山》(节选)

### 作者简介

碧野,广东梅州人,著名散文家,被誉为"湖北文坛三老"之一。碧野的代表作有《我们的力量是无敌的》《阳光灿烂照天山》《丹凤朝阳》《月亮湖》《天山景物记》等。

### 写作手法

《七月的天山》一文中,整体是按照"进入天山—再往里走—走进天山深处"的顺序进行描写的,这个写作思路在我们写作游记时可以借鉴。节选部分描写的是走进天山深处的柔美山形、缓缓流动的溪流、五彩缤纷的野花,移步换景,层层交替,为读者织就了一幅惬意的自然画卷。其中,"马走在花海中,显得格外矫健;人浮在花海上,显得格外精神"突出了以花海为代表的大自然对人和马身心的滋养,也充分显示了作者对天山的喜爱。

# 独特的名片

**姓名**：乌鲁木齐
**地位**：新疆维吾尔自治区首府
**美誉**：亚心之都
**景点**：红山公园、国际大巴扎、盐湖旅游景区、天山天池、亚心标志塔
**美食**：手抓饭、羊肉包子、拉条子、烤全羊

## 探寻乌鲁木齐文化

**锡伯族蝴蝶舞** 新疆维吾尔自治区的自治区级非物质文化遗产，源自锡伯族古代渔猎生活。舞蹈通过"弹腕""走擦步"等动作，展现蝴蝶飞翔与捕捉过程，动作舒展秀雅，平稳抒情。它不仅是锡伯族民间娱乐活动的重要组成部分，也象征着对自由和爱情的向往。

**疆绣** 始于汉代，流传至今。疆绣以色彩明艳、线条粗犷、纹样简练多变著称，体现了新疆地域文化特色，是新疆众多非遗项目中的瑰宝。疆绣是新疆地区各民族传统刺绣的总称，其中包含了维吾尔族刺绣、哈萨克族刺绣、塔吉克族刺绣、蒙古族刺绣、柯尔克孜族刺绣等。

**新疆花儿** 是新疆当地一种独具特色的民歌，国家级非遗项目，源于河州花儿，融合维吾尔族、哈萨克族等民族音乐元素，具有鲜明地域特色，以高亢、严谨、粗犷又兼具婉转、悠扬、细腻为特点，深受多民族喜爱。

**玉雕技艺** 新疆多产玉，如和田白玉、青玉、墨玉等，玉雕匠人会将这些玉雕刻成各种人物、鸟兽、花卉等。新疆玉雕因做工精细、温润洁白大受欢迎。

**宝石嵌画** 新疆维吾尔自治区级非物质文化遗产。以玉石、玛瑙、松石等宝石为原材料，运用着色、点缀、浅浮雕等技法，结合画、撕、堆、贴、粘、镶嵌等多种工艺创作而成。其色彩艳丽、立体感强，具有独特的艺术价值和收藏意义。

# 乌鲁木齐为什么被称为"亚心"？

亚心是亚洲大陆地理中心的简称。1992年，经国内外专家测定，正式确定亚洲大陆地理中心就位于乌鲁木齐市乌鲁木齐县永丰乡永新村，距市区西南约30千米处。这一测定从地理位置上确立了乌鲁木齐市作为亚洲大陆地理中心城市的定位。中国科学院新疆地理研究所还在这里建设了一座亚心标志塔。亚心标志塔高18米，造型酷似英文字母"A"。塔身由钢筋混凝土建造，塔球下正对着缩小版的亚洲地图。

## 你知道吗？

### 美味的巴旦木，乌鲁木齐人天天吃？

巴旦木又叫八达木，因为形状像扁扁的桃子，所以古时又叫其扁桃。新疆的巴旦木是从古波斯传入的。在唐代的文献中已经有记载："偏桃出波斯国，波斯呼为婆淡树……状如桃子，而形偏，故为之偏桃。"巴旦木的营养价值很高，不仅富含优质油脂和蛋白，还富含维生素 $B_1$、$B_2$ 等。

# 乌鲁木齐的景色

## 📍 红山公园

位于乌鲁木齐市区，因西边断崖呈红褐色而得名。远远看去，整座山就像是一条盘踞在大地上的巨龙，十分壮观。

## 📍 国际大巴扎

大巴扎源自维吾尔语，意思就是集市。国际大巴扎占地面积近4万平方米，是世界规模最大的巴扎。这里汇集了新疆各地的特产，再现了古丝绸之路的繁华景象。

## 📍 新疆盐湖城旅游景区

位于乌鲁木齐市达坂城区，是一处国家3A级旅游景区。这里拥有直径约4千米的巨大盐湖，湖水蔚蓝，盐结晶洁白，景色优美。游客可以在此体验盐湖漂浮，享受独特的自然风光。

## 📍 天山天池

天山的主峰海拔高达7000米以上，终年被积雪覆盖，但山脚下却生长着片片绿草。天池位于天山主峰的半山腰处，半月形的天池清水荡漾，被誉为"天山明珠"。

# 乌鲁木齐的味道

## 手抓饭

这是维吾尔族百姓在节庆时必备的主食之一,有甜、咸之分。甜抓饭的主要原料除了大米外还有葡萄干、杏脯、黄萝卜、鸡蛋等;咸抓饭里会加入肉丁、洋葱等。

## 羊肉包子

切碎的洋葱和鲜嫩羊肉作为馅的包子。薄皮的羊肉包子可以用蒸锅蒸熟;厚皮的包子可以放进馕坑里烤熟,香酥可口,十分诱人!

## 拉条子

把揉抻完毕的面团拉成长条煮熟,再与洋葱、羊肉、土豆等一起炒制。油亮金黄的拉条子在乌鲁木齐随处可见,令人垂涎不已。

## 烤全羊

烤全羊在乌鲁木齐当地被当成一道经典大菜。

1. 选用一岁左右的羔羊或者羯羊为主要食材,去掉蹄子和内脏;
2. 把白面、盐、鸡蛋、胡椒、孜然等调料调成糊状,涂抹在羊身上;
3. 用特制的木棍穿过羊的身体,并放在馕坑中烤制;
4. 不断地转动木棍,使羊均匀受热,整个过程大概需要一个小时。

# 杭州
## 东南古都，人间天堂

人们常说"上有天堂，下有苏杭"，位于我国东南的杭州，到底有什么样的魅力让大家流连忘返呢？不如跟上作家宗璞的脚步，一起去探个究竟吧！

### 课本直播间

在花港观鱼，看到了又一种绿。那是满地的新荷，圆圆的绿叶，或亭亭立于水上，或婉转靠在水面，只觉得一种蓬勃的生机，跳跃满池。绿色，本来是生命的颜色。我最爱看初春的杨柳嫩枝，那样鲜，那样亮，柳枝儿一摆，似乎蹬着脚告诉你，春天来了。荷叶，则要持重一些，初夏，则更成熟一些，但那透过活泼的绿色表现出来的茁壮的生命力，是一样的。再加上叶面上的水珠儿滴溜溜滚着，简直好像满池荷叶都要裙袂飞扬，翩然起舞了。

——宗璞《西湖漫笔》（节选）

### 作者简介

宗璞，本名冯钟璞，北京人，是我国著名哲学家冯友兰的女儿。宗璞是我国当代著名的散文家和小说家，其代表作有《紫藤萝瀑布》《红豆》《弦上的梦》《三生石》《南渡记》等。

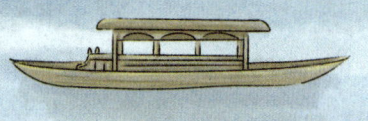

### 创作背景

《西湖漫笔》创作于20世纪五六十年代，是作家宗璞的成名之作。这一时期，宗璞喜欢写作风景游记，类似的作品还有《墨城红月》。"漫笔"是一种随性而为的文体，可以用于描摹景色、表达情绪等。

### 写作手法

《西湖漫笔》（节选）中，宗璞对"绿色"进行了极尽细致的描摹。一种抽象的色彩，在宗璞的笔下逐渐具体可感，是初春杨柳的绿，也是夏季荷叶的绿。尤其，"柳枝儿一摆，似乎蹬着脚告诉你，春天来了"一句中，"蹬"这个动词的使用，赋予植物以个性，用拟人的手法将柳枝的样子活灵活现地呈现了出来，突出了春天的活力与动感。动词的使用，经常能赋予对象动态的特点，我们可以注意学习使用。"叶面上的水珠儿滴溜溜滚着，简直好像满池荷叶都要裙袂飞扬，翩然起舞了"一句，将荷叶当作飞扬的裙袂（mèi）来写，这个比喻增强动态美的同时还赋予了荷叶舞蹈的韵律。

## 独特的名片

姓名：杭州
地位：六大古都之一
美誉：东南名郡、国家历史文化名城
景点：西湖、千岛湖、西溪湿地、灵隐寺、胡雪岩故居
美食：西湖醋鱼、虾爆鳝面、龙井虾仁、东坡肉

### 良渚古城遗址为什么被称为"中华文明的曙光"？

良渚（zhǔ）古城遗址，在2019年被列入《世界遗产名录》。它是新石器时代晚期的重要文化遗址群，在这里可以看到很多陶器、玉器和石器。良渚古城遗址一百多平方千米，在这里可以看到当时城市生活的各种痕迹：四通八达的水利系统、宫殿、祭坛、纺织作坊、粮仓、大型土建工程等，布局之合理、规划之严谨令人叹为观止，仿佛看到了中华文明的曙光。

# 探寻杭州文化

**桑蚕丝织技艺** 该项技艺已经被列入世界文化遗产名录。桑蚕丝织技艺包括栽种桑树、养蚕缫（sāo）丝、染色丝织等过程，能够生产出非常精美的绫绢、织锦等丝绸产品。

**西泠印社"篆刻"技艺** 西泠（líng）印社创立于清朝，是创作和研究金石篆刻的民间社团，因影响力极大，被誉为"天下第一社"，其篆刻技艺已经被列入我国非物质文化遗产名录。

**西湖绸伞** 即西湖竹骨绸伞，选用当地的淡竹作为骨架、当地丝绸作为伞面，装饰画也多为西湖的风景。它的绝妙之处在于不使用黏合剂，而是使用套合技艺连接各部分。

**白蛇传说** 白蛇传说是杭州当地流行很广的民间故事，也是我国四大民间故事之一。

## 你知道吗？

### 京杭大运河是怎么开凿成功的？

在春秋战国时期，吴王夫差就在长江和淮河之间开凿了邗（hán）沟，当时是为了运输军队士兵。秦始皇统一六国以后，又下令修建了镇江至丹阳之间的运河，也就是曲阿运河。魏晋南北朝时期，曹操修建了白渠、平虏渠、泉州渠等，为隋朝大运河的修建奠定了基础。隋炀帝继位以后，迁都洛阳，随即修建了通济渠、永济渠等，耗时六年，修建成了南通黄河、北接邗沟、终至杭州的京杭大运河，极大方便了南北交通。

# 杭州的景色

### 📍 西湖

西湖是杭州最负盛名的景色之一，三面环山，山水相映，其中"西湖十景"最为人知。

### 📍 千岛湖

因湖内拥有星罗棋布的1078个翠岛而得名，千岛湖风光旖旎，水质清澈，被誉为"国际花园城市"，是集山水美景与休闲度假于一体的旅游胜地。

### 📍 西溪湿地

位于西湖附近，已经被列入国际重要湿地名录，是我国第一个集城市湿地、文化湿地以及农耕湿地于一身的湿地公园，这里聚集了大量珍贵动植物资源。

### 📍 灵隐寺

灵隐寺位于西湖西北，北高峰和飞来峰中间，是杭州的著名古刹之一。

### 📍 胡雪岩故居

胡雪岩是我国一代商业巨贾，他在杭州的故居位于河坊街，是一座中西结合的宅邸。故居中，亭台楼榭应有尽有，郑板桥、唐伯虎等人的石刻字画随处可见。

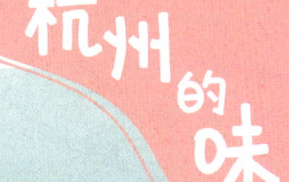

# 杭州的味道

西湖醋鱼：西湖醋鱼是典型的杭帮菜。选用新鲜的西湖草鱼，用鲜汤烹调，并加入糖、姜和料酒等佐料。做好后的西湖醋鱼色泽油亮，酸甜可口。

虾爆鳝面：新鲜的黄鳝爆炒至金黄酥脆，鲜嫩的河虾加蛋清炒到白嫩，两者加入鱼汤煮熟的面条中，面条充分吸收了鳝鱼和河虾的浓汤，一口下去根本停不下来！

龙井虾仁：龙井虾仁以鲜虾仁和西湖龙井的嫩芽为主要食材，既有虾仁的鲜嫩Q弹，又有龙井的淡淡茶香，看起来好似"翡翠白玉"，非常诱人。

**东坡肉**：相传是大文学家苏东坡发明的美食，并因此得名。

1. 将肥瘦相间的猪五花切成方块，焯水捞出；

2. 猪皮向下放入砂锅里，并加入冰糖、生姜、酱油等佐料炖煮；

3. 熟透后盛出，并进行点缀，一道肥而不腻、鲜嫩多汁的东坡肉就做好了。

# 泰安
## 因山得名，名扬天下

泰山作为"五岳"之首，早已名扬天下，但对于它所在的泰安市你有哪些了解？泰安市位于山东省中部，因大名鼎鼎的泰山而得名，也因此泰安成了广受国内外游客喜爱的旅游城市。接下来，让我们跟随作家冯骥才，一起到泰安逛一逛吧！

### 课本直播间

在泰山上，随处都可以碰到挑山工。他们肩上搭一根光溜溜的扁担，扁担两头的绳子挂着沉甸甸的货物。登山的时候，他们一只胳膊搭在扁担上，另一只胳膊随着步子有节奏地一甩一甩，使身体保持平衡。他们的路线是折尺形的，从台阶的左侧起步，斜行向上，登上七八级，到了台阶右侧，就转过身子，反方向斜行，到了左侧再转回来。每一次转身，扁担换一次肩。这样曲折向上登，才能使挂在扁担前头的东西不碰在台阶，还可以省些力气。担了重物，如果照一般登山的人那样直上直下走，膝盖会受不住的。但是路线曲折，就会使路线加长。挑山工登山走的路程大约比游人多一倍！

——冯骥才《挑山工》（节选）

### 作者简介

冯骥才,我国当代著名作家、画家,曾发表过小说《雕花烟斗》《铺花的歧路》、小说集《俗世奇人》、散文集《珍珠鸟》等。

### 写作手法

《挑山工》的节选部分,描写的是挑山工担着重物上山的过程。这里使用了大量的动词,如"搭""挂""甩""斜行""登""转"等,一套动作行云流水,既表现出了挑山工的辛苦、勤劳,也能看出挑山工在长期工作中总结出了自己独特的经验。动词的使用可以让表达更加准确、流畅,是我们在写作过程中可以借鉴的地方。

## 独特的名片

姓名：泰安
地位：鲁中地区中心城市
美誉：中国历史文化名城
景点：泰山、泰安齐长城、肥城桃源世界风景区、牛山国家森林公园
美食：泰山煎饼、蜜三刀、泰安酱包瓜、泰安酱磨茄

## "泰安三美"说的是什么？

"泰安三美"其实说的是泰安本地产的白菜、豆腐和山泉水。泰安的黄芽白菜心与泰安南郊黄庄的豆腐，加上泰安山中的清泉炖煮，豆腐嫩、白菜香，汤汁呈乳白色，十分清爽可口。相传，唐朝时大诗人李白和杜甫都曾吃过这道菜。当地人认为，游山不来品"三美"，泰山风光没赏全。由此可以看出这道美食在泰安本地是多么受欢迎。

# 探寻泰安文化

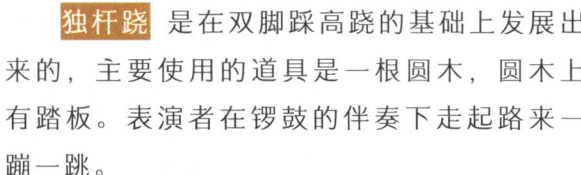

独杆跷 是在双脚踩高跷的基础上发展出来的，主要使用的道具是一根圆木，圆木上有踏板。表演者在锣鼓的伴奏下走起路来一蹦一跳。

泰山泥塑 以泥土为主要原料，用冰雪水调和，制成胚以后再进行精细的雕琢。因构思奇特、雕琢细腻，具有很高的文化价值，已入选泰安市非物质文化遗产名录。

百兽图 又名百兽竹马，民间杂耍的一种。表演者表现的主要是祈求祥瑞、攘除灾祸、驱赶疫病等内容，表现形式繁多，唱词通俗幽默。通常在每年的春节到正月十五之间表演。

宁阳龟山砚 龟山砚因出自泰安宁阳得名，是泰安本地最早的砚台品种，至今已有一千多年的历史。如今宁阳龟山砚已经被列入泰安市非物质文化遗产名录。

## 你知道吗？

**大汶口文化遗址是怎么被发现的？**

1959年，在山东的堡头村发现了新石器时代的遗址，因为在泰安的大汶口附近，因此取名为大汶口文化遗址。这处遗址面积较大，分布在山东和苏北等地，存在年代可能是公元前4200年到公元前2500年。从出土的文物来看，这里的陶器风格独特，鼎类造型多变。根据推测，当时的生产力有了大幅度的提升，开始养殖牛、羊、猪、狗等家畜，属于父系氏族遗址。

# 泰安的景色

## 📍 泰山

泰山被誉为"天下第一山",是五岳之首。这里有关帝庙、一天门、岱宗坊、碧霞祠和玉皇顶等风景,风景秀美,不可多得。

## 📍 泰安齐长城

位于泰安西北的齐长城是春秋时期齐国修建的。泰安齐长城将鲁山、泰山等连接起来,使齐国形成了一道天然的军事屏障。

## 📍 肥城桃源世界风景区

这里有"世界最大桃园"的美誉,出产的桃子又大又肥。这里有湖心亭、九曲桥等建筑,还有春花烂漫、秋桃丰收等自然景观。

## 📍 牛山国家森林公园

相传,牛山主峰上的穆柯寨是北宋名将穆桂英生活过的地方,至今这里还有点将台、招军石等景观。除此之外,这里还有文昌阁、范蠡墓、资圣院等景点。

# 泰安的味道

### 泰山煎饼

泰山煎饼已经有一千多年的历史，因为在摊煎饼前会进行发酵，所以吃起来与其他地方的煎饼不同，会有一种发酵过的酸味，很受人们喜爱。

### 蜜三刀

泰安本地的一种传统甜点，先和面醒发，然后将面料油炸后浸泡在糖浆里裹满蜜汁。蜜三刀好吃但工序复杂，需要制作人对每一步都非常娴熟才行。

### 泰安酱包瓜

这道小菜始创于清代，是用当地大白峪村没有完全成熟的甜瓜做外皮，包上花生仁、瓜子仁、杏仁、莲藕、核桃仁等馅料，再将瓜皮缝合，最后进行腌制。泰安酱包瓜曾作为贡品进献给皇帝食用。

### 泰安酱磨茄

泰安的传统名菜，属于鲁菜系，选用黑色坚硬茄子，经烧砖磨去茄皮、盐腌、去汁、酱腌等工序制成，清香嫩滑，鲜美可口，是泰安地方特色小吃之一。其制作工艺如下：

1. 用烧砖磨掉茄子的皮；
2. 加盐腌制；
3. 将茄子榨出盐水，并放入酱缸内，腌制半个月后，即可捞出食用。

# 澳门
## 多元共生的文化景观

澳门特别行政区位于珠江三角洲的西南部,与珠海市相接,与香港相距仅 60 千米。因为特殊的历史背景和地理位置,澳门产生了多元共生的文化景观,每年都有成千上万的游客来此。澳门到底有怎样的魅力能吸引这么多游客前来呢?一起来认识澳门吧!

### 课本直播间

你可知"妈港"不是我的真名姓?
我离开你的襁褓太久了,母亲!
但是他们掳去的是我的肉体,
你依然保管着我内心的灵魂。
三百年来梦寐不忘的生母啊!
请叫儿的乳名,叫我一声"澳门"!
母亲!我要回来,母亲!

——闻一多《七子之歌·澳门》

### 作者简介

闻一多,生于 1899 年的湖北浠(xī)水县,曾赴美留学,后在清华大学任中文系系主任,新月派代表诗人。闻一多在 24 岁时出版了自己的第一部诗集《红烛》,29 岁时发表代表作《死水》。

### 创作背景

《七子之歌》是一组诗歌,《澳门》是其中的一首。1925 年,闻一多回国行至吴淞口,望着祖国满目疮痍(chuāng yí)——他正赶上了"五卅(sà)"爱国反帝运动,随即在《现代评论》上发表了《七子之歌》,并写跋(bá)道:"希望同胞中激起一些敌忾,把激昂的民气变得更加激昂……"随即,这首诗被《大江季刊》《清华周刊》等转载,在社会上引起广泛共鸣。

### 写作手法

《澳门》是《七子之歌》中的第一首,将澳门这块被帝国主义掠去的土地当成是失去母亲的孩子来写,以难以割舍的母子情形容爱国情,饱含悲愤、孤苦和希冀的情感,情意绵绵,感人肺腑,在澳门回归那年拨动了成千上万国人的心。

# 独特的名片

**姓名**：澳门特别行政区
**地位**：中华人民共和国特别行政区
**美誉**：创意城市、美食之都
**景点**：澳门历史街区、亚婆井前地、郑家大屋、圣老楞佐教堂
**美食**：猪扒包、椰汁糕、马介休、葡式蛋挞

## 探寻澳门文化

**南音** 又叫南音说唱，形成于清朝，在澳门等地传唱。南音主要以一人弹唱的形式表演，抒情性与叙事性兼备，代表曲目为《客途秋恨》《叹五更》等。

**鱼行醉龙节** 澳门特有的民间传统节庆，每年农历四月初八举行。节庆中，人们舞着特制的"醉龙"，并有舞狮表演，以此纪念祖先、祈求平安和丰收。醉龙舞是重要仪式，寄托了民间对上苍神灵的感恩。这一节庆于2011年被列入国家级非物质文化遗产名录。

**妈祖祭典** 澳门数百年前是一个渔港，每年会在妈祖诞辰、羽化之日和春节进行祭奠。祭奠时会在妈祖庙中张灯结彩，表演神功戏，非常热闹。

**土生土语话剧** 澳门独特的传统戏剧，于2021年入选国家级非物质文化遗产。

# 冼星海为什么被誉为"人民音乐家"？

冼星海1905年出生于澳门的清贫船工家庭，出生时父亲已经去世。7岁时，冼星海随母亲来到新加坡上学并参加了学校组织的管弦乐乐队。冼星海13岁时回到祖国，进入岭南大学附中小提琴。1928年，冼星海进入上海国立音专学习钢琴和小提琴。1935年，毕业后的冼星海投身于抗日活动，为抗日活动创作救亡音乐，创作了《黄河大合唱》《军民进行曲》等，为无产阶级革命作出了突出贡献，也因此被誉为"人民音乐家"。

## 你知道吗？

### "大三巴牌坊"的前世今生

大三巴始建于1602年，位于花王堂区炮台山下。在清代前后，大三巴经历了三次火灾，建筑几乎焚烧殆尽，最后只剩下了一堵门壁。残存的遗迹中仍能看出当时雕像技艺的精湛。今天，大三巴已经被列入联合国世界文化遗产目录，也是"澳门八景"之一。

# 澳门的景色

### 📍 澳门历史街区

澳门的历史街区以澳门旧城为主,至今约有400年,是国内至今保存最完整、规模最大也最集中的中西美学交汇的建筑,已经被列入世界文化遗产名录。

### 📍 亚婆井前地

这里原本是澳门的主要水源,也是葡萄牙人在澳门的主要聚居地之一。相传,一位老婆婆曾在这里修筑水池贮藏山泉方便周围百姓使用,亚婆井因此得名。

### 📍 郑家大屋

建于1869年前后,为我国近代著名思想家郑观应的故居。这座建筑既有趟拢门、梁架结构等中式特点,又在天花板样式、门楣的处理等处体现了西方建筑的特色。

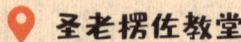

### 📍 圣老楞佐教堂

世界级文化遗产。始建于16世纪,是澳门当地的三大古教堂之一。建筑美轮美奂,是欧洲古典与巴洛克风格结合的产物。

# 澳门的味道

猪扒包：澳门当地非常有名的小吃，是一种涂抹牛油的面包中间夹着猪排、洋葱等的美食。猪扒包外酥里嫩，油而不腻，令人回味无穷。

椰汁糕：澳门本地人很喜欢的甜品之一。其主要原料是椰汁、鲜牛奶、蛋白、水和糖等，是一道椰香浓郁、节日必备的美食。

马介休：也就是经过腌制的鳕鱼。这样处理过的鳕鱼便于保存，可以制作西洋焗（jú）马介休、薯丝炒马介休、炸马介休球等，煎、烤、煮、焖均可。

## 葡式蛋挞：一种小型的奶油酥皮甜点。

1. 首先，制作蛋挞皮：将适量小麦粉、鸡蛋、少量盐以及一些糖按照一定比例放进容器中并进行搅拌、揉搓直至颜色均匀，然后擀薄放入冰箱中冷藏；

2. 其次，制作蛋挞液：淡奶油、牛奶按个人口味调配，打匀后过滤；

3. 最后，制作蛋挞：将蛋挞皮折叠后切开，折成小碟子状倒入蛋挞液，将蛋挞皮和蛋挞液一起放进烤箱中烤二十分钟左右。

# 香港
## 世界金融之都

　　香港位于我国的东南,由香港岛、九龙半岛、新界等岛屿共同组成,岛屿之间有港口分布,其中最著名的是维多利亚港。香港有多个"第一"的称号:人均寿命全球第一,人口密度全球第一……这里的金融业异常发达,是全球第三大金融中心,与纽约和伦敦一起被合称为"纽伦港"。百闻不如一见,我们一起去看看香港吧!

### 课本直播间

香港
我好比凤阙阶前守夜的黄豹,
母亲啊,我身份虽微,地位险要。
如今狞恶的海狮扑在我身上,
啖(dàn)着我的骨肉,咽着我的脂膏;
母亲啊,我哭泣号啕,呼你不应。
母亲啊,快让我躲入你的怀抱!
母亲!我要回来,母亲!
——闻一多《七子之歌·香港》

### 创作背景

闻一多的《香港》是《七子之歌》组诗中的一篇，创作于1925年。当时，闻一多留学美国，深切体会到在异国他乡所遭受的歧视与欺凌，这激发了他强烈的民族自尊心和对祖国的深厚情感。1925年，他提前结束留学生活回国，却恰逢五卅惨案，心中充满失望与愤怒。在此背景下，他写下了《香港》等诗作，表达了对被割让土地的深切眷恋和对祖国统一的渴望。这些诗作一经发表，便引起了强烈的共鸣。

### 写作手法

《香港》是《七子之歌》中的第二首，诗中的"凤阙"原是汉代的宫殿，这里指的是祖国，"黄豹"则代指守卫祖国南大门的香港。全诗以第一人称的视角进行咏叹，情深意切地表达出"我"血肉之躯被掠夺撕扯的疼痛与哀伤，以此形容香港离开祖国不舍的强烈情感，进而表达出回归祖国的强烈愿望。整首诗的表达形象生动，十分巧妙。

## 独特的名片

**姓名**：香港特别行政区
**地位**：中华人民共和国特别行政区
**美誉**："亚洲四小龙"之一、全球第三大金融中心
**景点**：浅水湾、国际金融中心、青马大桥、中环
**美食**：鸡蛋仔、菠萝油、咖喱鱼蛋、车仔面

## 探寻香港文化

**大坑舞火龙** 国家级非物质文化遗产。每年中秋节前后的三个晚上，香港岛北部的客家人都会一边舞火龙，一边放鞭炮，以期攘除灾祸，祈祷好运降临。

**醒狮** 国家级非物质文化遗产，源于广东。醒狮集武术、舞蹈、音乐于一体，表演时动作威武，寓意消灾除害、求吉纳福。每逢节庆或重大活动，必有醒狮起舞，深受人们喜爱。

**长洲太平清醮（jiào）** 香港长洲岛的传统民间信俗，每年农历四月初举行，主祀玄天上帝。活动包括飘色巡游和抢包山等，是当地最大规模的传统活动之一，已被列入国家级非物质文化遗产名录。

**迎春花市** 香港市民春节期间的重要活动之一便是逛迎春花市。尤其是除夕当天，家家户户都喜欢到花市逛逛，买上几盆花，希望新的一年顺利、健康。

# 维多利亚港为什么可以入围"世界三大夜景"？

维多利亚港是位于太平山和九龙之间的一个深水港，原本是太平山和九龙之间的一个山谷，后来随着海平面上升，山谷被海水淹没，才形成了今天的维多利亚港，也因为如此，维多利亚港的底部多为岩石。维多利亚港的海岸线很长，两岸又有很多的高楼大厦，每当夜幕降临、华灯初上，维多利亚港周围灯光璀璨、摩天大楼上霓虹闪烁，与海面倒影交相辉映，加上烟花表演增添色彩，构成一幅动人心魄的壮丽画卷。

## 你知道吗？

### 香港与香料的关系？

香港名字的由来和香料有着莫大的关系！香港自古以来就是沉香等香料的重要产地。同时，香港在古代作为重要港口，也会集散大量的香料。除此之外，香港本地的种香、制香产业也十分发达。虽然香料相关产业在历史的长河中逐渐消散，但香港这个名字还是保留了下来。

# 香港的景色

### 📍 浅水湾

位于香港岛太平山南面，依山傍海，呈新月形，号称"天下第一湾"，有"东方夏威夷"之美誉，是香港最具代表性的海湾之一，以优美的海滨风光和富豪住宅区闻名。

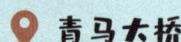

### 📍 国际金融中心

位于香港岛金融街，是香港作为金融中心的地标建筑之一。国际金融中心是由美籍华人建筑师西萨·佩里及香港建筑师严迅奇一起设计完成的。

### 📍 青马大桥

大屿山香港国际机场与市区相连的干线公路，气势恢宏壮丽。青马大桥也是全球范围内最长的行车铁路双用悬索式吊桥。

### 📍 中环

中环是香港的商业和政治中心，有各种各样的金融中心、高级购物中心和餐饮酒店，可以说是香港的心脏。

# 香港的味道

鸡蛋仔：鸡蛋仔是香港人非常喜欢的街头小吃，主要原材料有鸡蛋、面粉、淡奶油等，烤好的鸡蛋仔外脆内软，香气四溢。

菠萝油：是在菠萝包的基础上添加厚牛油或者奶油制成的，搭配丝袜奶茶或者咖啡一起食用，非常美味。

咖喱鱼蛋：颇具香港特色的小吃，是炸熟的鱼蛋氽（cuān）水后加入咖喱酱汁制成，每家店铺的咖喱酱汁都各有不同，鱼蛋也有潮州白鱼蛋、炸鱼蛋、陈皮鱼蛋等多种选择。

**车仔面**：香港低物质水平年代发明出的一种特色美食。

1. 将面煮熟，捞出；
2. 倒入XO酱，搅拌；
3. 也可以加入猪血、牛腩、萝卜、猪皮等配料。

制作工序

# 苏州

## 人间"天堂",园林之城

人们常说"上有天堂,下有苏杭"。苏州不仅有造型各异的园林,还有苏绣、宋锦等历史悠久的手工艺,这里的松鼠鳜鱼、生煎包等美食也是令人垂涎三尺。听着吴侬软语的昆曲,我们一起去苏州这座人间天堂去看一看吧!

### 课本直播间

月落乌啼霜满天,
江枫渔火对愁眠。
姑苏城外寒山寺,
夜半钟声到客船。
——张继《枫桥夜泊》

### 作者简介

张继，唐朝诗人，湖北襄阳人。被人誉为"词伯"，最出名的作品当属《枫桥夜泊》。

### 创作背景

这首七言绝句是张继在今苏州西郊一带羁旅停船所作。众多意象渲染出一种为家国忧思愁苦的情绪。《枫桥夜泊》在我国古代已经流传到海外，《大历诗略》赞其"高亮殊特，青莲遗响"。

### 写作手法

《枫桥夜泊》的前两句，写的是月亮西沉，乌鸦叫个不停，霜烟弥漫。看着江枫村的渔火，"我"愁得辗转难眠。后两句意为姑苏城外的寒山寺中那响亮的钟声，传到了"我"的客船里。全文使用了白描的手法，把作者的愁绪蕴含在林林总总的意象当中，没有过多的修饰，却情味隽（juàn）永，令人回味无穷。反复阅读，体会白描的手法，尝试在自己的作文中用一用吧！

# 独特的名片

姓名：苏州
地位：江苏省特大城市
美誉：上有天堂，下有苏杭
景点：狮子林、沧浪亭、网师园、虎丘
美食：生煎包、姑苏枫镇大面、响油鳝糊、鲜肉月饼、松鼠鳜鱼

# 探寻苏州文化

**苏绣** 苏绣起源于苏州，至今已有两千多年历史，与蜀绣、湘绣和粤绣并称为中国四大名绣。苏绣针法细腻，色彩清淡别致，可用于制作日常用品，也可以作为工艺品欣赏。

**宋锦** 宋锦始于宋朝，盛产于苏州，被列入我国非物质文化遗产名录。苏州宋锦的特点是华丽、紧实，经常用于书画的装裱，与广西壮锦、四川蜀锦和南京云锦并称为我国四大名锦。

**桃花坞木版年画** 这种年画因主要出产地为苏州桃花坞而得名，起源于宋代雕版技术，讲究色彩丰富、构图对称，是我国民间五大木版年画之一（其他四大木版年画：河南朱仙镇、天津杨柳青、山东潍坊杨家埠、四川绵竹的木版年画）。

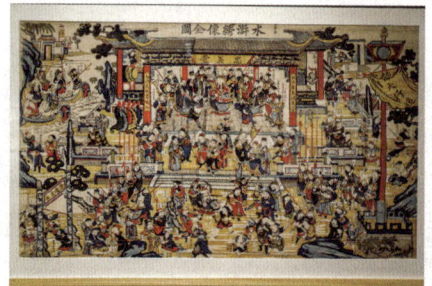

# 莼鲈之思与苏州

张翰是我国魏晋时期的大诗人，父亲是高官，家境显赫。但是到了张翰想要入仕为官的时候却不是很顺利，朝廷也乱作一团，他逐渐感到厌倦。虽然如此，作为魏晋名士风度还是要保持的。终于，这天张翰实在待不下去了想要离开朝堂，看到秋风乍起便佯装说了一句：我想回苏州老家吃莼（chún）羹、鲈鱼脍（kuài）了！从此便抽身而退。后来，"莼鲈之思"就成为思乡的代名词。

# 你知道吗？

**昆曲为什么又被称为"水磨调"？**

2000年时，昆曲入选人类非物质文化遗产代表作名录。它在元朝末年由顾坚对昆山地区原有的腔调加以整理和改进形成，因此名为"昆山腔"。到了明朝，著名戏曲家魏良辅又对其进行了改良，在南曲的基础上，采北曲之长，集南北优点于一身，形成了后来的昆曲。随着昆曲在后世的不断流传和变化，逐渐形成剧本的标准唱腔，推广到了全国。清朝乾隆年间，昆曲迎来了自己的鼎盛时期。

昆曲的特点是吐字讲究、节拍缓慢，且有很强的抒情性，唱腔细腻温软犹如水磨粉制成的汤圆，因此又得名"水磨调"。昆曲的重要伴奏乐器有曲笛、唢呐、琵琶和笙箫等。昆曲积累了大量的曲目，其中比较有代表性的是汤显祖的《牡丹亭》《紫钗记》、王世贞的《鸣凤记》、洪昇（shēng）的《长生殿》和孔尚任的《桃花扇》。

# 苏州的景色

## 📍 狮子林

苏州的狮子林被誉为"假山王国"，因其中的怪石形似狮子而得名，是苏州的四大名园之一。狮子林至今有六百多年历史。

## 📍 沧浪亭

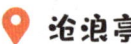

苏州现存最古老的园林，始建于北宋年间。其造园艺术独特，未入园先见景，园内以山石为主，山水相依，景色自然，建筑古朴。沧浪亭不仅是苏州四大名园之一，也是世界文化遗产，以其独特的山水布局和丰富的文化内涵吸引着无数游客。

## 📍 网师园

苏州四大园林之一，始建于宋朝。园内多使用陪衬和对比的造景手法，层次错落、做工考究，具有极高的文物艺术价值。

## 📍 虎丘

位于苏州西北，因传说这里曾出现白虎而得名，相传吴王夫差父亲的陵园就坐落在这里。虎丘被视为"吴中第一名胜"，苏轼誉其："到苏州不游虎丘，乃憾事也"。

# 苏州的味道

**生煎包**

苏州的生煎包汤汁鲜美,肉馅饱满,表面有葱花和芝麻,吃之前要先咬一小口,吮吸汤汁,然后咬开酥脆的表皮,品尝里面Q弹的肉馅。

**姑苏枫镇大面**

苏州的正宗姑苏枫镇大面使用螺蛳和黄鳝骨花费四个小时熬制的汤底,面条软硬适中,肉则入口即化,咸甜适中,香气扑鼻。

**响油鳝糊**

苏州本地的传统美食。苏州河滩颇多,响油鳝鱼的主要原料就是这些河滩中的鳝鱼,因鳝鱼糊端上桌时还在吱吱作响而得名。响油鳝鱼香气浓厚,肉质鲜美。

**鲜肉月饼**

这是苏州人在传统节日喜欢吃的美食,苏式鲜肉月饼的馅料为鲜肉,整个月饼看上去金黄细腻,肉汁沁入月饼皮,美味异常!

**松鼠鳜鱼**

又叫松鼠桂鱼,主要食材是鳜鱼,是一道十分考验厨艺的美食。相传乾隆下江南时就很喜欢这道菜。

1. 把鳜鱼的鱼骨剔掉,切花刀,方便入味;
2. 裹上淀粉糊,入油锅炸制;
3. 最后淋上糖醋等熬制的汤汁即可。

# 秦皇岛
## 港口小城，避暑胜地

秦皇岛这座城市，因环境优美、地理位置优越，被誉为"津京后花园"，又因拥有长城著名关隘——山海关，且与渤海湾零距离被赞为"长城滨海公园"。同时，姜女寻夫、魏武挥鞭、唐宗驻跸（bì）等历史故事，让这座城市增添了文化韵味。让我们跟随清代著名词人纳兰性德，到这座滨海小城瞧瞧吧！

### 课本直播间

山一程，水一程，身向榆关那畔（pàn）行，夜深千帐灯。

风一更，雪一更，聒（guō）碎乡心梦不成，故园无此声。

——纳兰性德《长相思·山一程》

### 作者简介

纳兰性德，字容若，号楞伽（qié）山人，清朝著名词人。因其作"纳兰词"被世人熟知，与陈维崧（sōng）、朱彝尊一起称为"清词三大家"。近代学者王国维更是称赞其为"北宋以来，一人而已"。纳兰性德的作品有《侧帽集》《饮水词》等。

### 创作背景

这首词，是康熙二十一年（公元1682年）平定三藩后，纳兰性德跟随康熙皇帝到山海关外巡幸时所作。纳兰性德作为侍卫随康熙出关东巡，恰巧遇到风雪交加的天气，看到守卫边塞的将士们，不由得情由心生，词作自然流露出来。

### 写作手法

《长相思》一词的上阕，讲述了纳兰性德随康熙皇帝东巡，夜半看到帐外灯火辉煌，十分壮丽雄伟。其中，"一程"一词用得极好，表现出了"一程又一程"中路途漫漫、思乡心切的情感。下阕讲述作者在风雪交加的夜里睡不着觉，不由得嗔怪：家乡怎么没有这样让人感到烦乱的声音呢？其中的"一更"又表现出作者对于道路漫长、艰辛的厌倦，间接地表达出对家乡的思念。整首词朴素自然，信手拈来，毫无雕琢造作之感。

# 独特的名片

**姓名**：秦皇岛
**地位**：首批沿海开放城市、中国最早的自主通商口岸
**美誉**：中国最美海滨城市、环渤海经济圈中心地带
**景点**：老龙头、天下第一关、鸽子窝公园、西港花园
**美食**：北戴河杨肠子、山海关荤锅、炭烤生蚝、
　　　　长城桲椤（pó luó）叶

## 探寻秦皇岛文化

**昌黎皮影** 是冀东皮影的一个分支，在辽金时期就已经有了，是一种用驴皮制作且集合了说唱、美术和音乐等为一体的民间艺术样式。

**魏氏烙画** 本地的非物质文化遗产，是一种用烙铁绘制的画作，主要手法有勾、勒、点、染、擦、反复熨烫等，著名作品有《天下第一关》《老龙头》等。

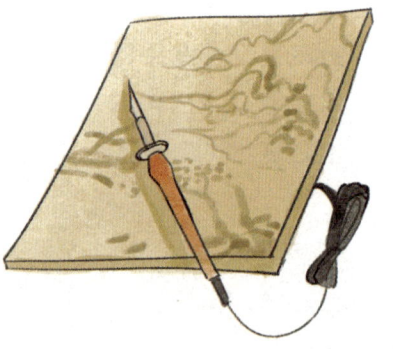

**昌黎地秧歌** 国家级非物质文化遗产，河北民间广为流传的舞种之一。昌黎地秧歌采取边舞边唱的形式，多用来庆贺丰收、赞颂古代英雄等。

# 毛泽东与北戴河

毛泽东写过很多诗情洋溢的作品,其中《浪淘沙·北戴河》写的就是秦皇岛市北戴河区:"大雨落幽燕,白浪滔天,秦皇岛外打鱼船。一片汪洋都不见,知向谁边?往事越千年,魏武挥鞭,东临碣(jié)石有遗篇。萧瑟秋风今又是,换了人间。"

## 你知道吗?

**"山海关"是缘何得名的?**

山海关是长城上的一座著名关隘(ài),被誉为"天下第一关"。也许你会好奇,它为什么会叫"山海关"呢?其实这与它所处的地理位置有关。山海关北靠燕山,南临南渤海,是明代万里长城的东部起点。因为地处山海之间,又是北京的重要屏障,各朝各代都将其视为重要的军事要地,所谓"两京锁钥无双地,万里长城第一关"。明朝末年,吴三桂与李自成就曾在这里大打出手,最终李自成从这里入关,结束了明朝的历史。

# 秦皇岛的景色

## 老龙头

位于渤海与长城的交界处,也是整个长城唯一一座海上敌台。它由明代大将徐达主持建造,是守卫京师的重要海上边防,被称赞为"人类历史上的千古奇观"。

## 天下第一关

位于秦皇岛市山海关区,这里被列为世界文化遗产——万里长城的代表地,是明长城的三大名关之首。其中主要建筑有箭楼、靖边楼、牧营楼、临闾楼、瓮城等。

## 鸽子窝公园

北戴河四大景区之一,位于北戴河的东北角。因地理位置优越,是观看海上日出的好地方。鸽子窝的大潮坪也是观察海岸线和各种海鸟的良好场所。

## 西港花园

西港花园是在秦皇岛港开埠码头——大码头的基础上改建而来,包括大码头、甲码头、乙码头、南栈房等区域。现在这里有游船码头、历史遗址公园、文艺书吧等。

# 秦皇岛的味道

北戴河杨肠子：秦皇岛非物质文化遗产之一，因创始人名叫杨庭珍而得名"杨"肠子。杨肠子颜色呈玫瑰色，香味悠长，有着浓郁的西式风味。

山海关荤锅：山海关本地颇具民俗特色的美食。它需要用紫铜火锅加炭火煮制，其中的白肉、焖（mèn）子、海鲜、酸菜、冻豆腐等美味碰撞在一起，让人欲罢不能。

炭烤生蚝：原汁原味的新鲜生蚝经炭火烤制，加上蒜汁、豆豉等佐料，汁水饱满，鲜香异常，是当地百姓和外来游客都很喜欢的一道当地小吃。

长城桲椤叶：相传长城桲椤叶是明代戚继光带领戚家军驻守长城时，将北方饺子与南方粽子的做法结合在一起就地取材制作的民间美食，如今已是非物质文化遗产之一。

1. 将面粉与淀粉掺在一起，加入水，调成面糊；
2. 把面糊涂在清洗干净的桲椤叶上，并加入鸡蛋、豆沙等馅料；
3. 对折包好，蒸熟。蒸熟后的桲椤叶呈半透明，香气沁人心脾，可直接食用也可保存起来。

# 哈尔滨
## 冰雪之都，音乐之城

哈尔滨是黑龙江省的省会，位于我国东北部。这里凝聚了不少少数民族文化的同时，还有着浓浓的异域风情，被誉为"冰城""东方莫斯科"和"东方小巴黎"。这里的美食很多，不仅有大列巴、红肠、东北"八大炖"，还有新晋网红美食"冻梨"！你知道为什么会有这道美食吗？它们又是怎样制作的呢？快来一起看看吧！

### 课本直播间

花开了，就像睡醒了似的。鸟飞了，就像在天上逛似的。虫子叫了，就像虫子在说话似的。一切都活了，要做什么，就做什么，要怎么样，就怎么样，都是自由的。倭瓜愿意爬上架就爬上架，愿意爬上房就爬上房。黄瓜愿意开一个花，就开一个花，愿意结一个瓜，就结一个瓜。若都不同意，就是一个瓜也不结，一朵花也不开，也没有人问它。玉米愿意长多高就长多高，它若愿意长上天去，也没有人管。蝴蝶随意地飞，一会儿从墙头上飞来一对黄蝴蝶，一会儿又从墙头上飞走了一只白蝴蝶。它们是从谁家来的，又飞到谁家去，太阳也不知道这个。

——萧红《祖父的园子》（节选）

### 作者简介

萧红,原名张廼(nǎi)莹,出生于黑龙江哈尔滨市。她是中国近代著名女作家,被誉为"20世纪30年代的文学洛神"。1935年,萧红发表小说《生死场》成名,后有作品长篇小说《呼兰河传》、散文《孤独的生活》等。

### 写作手法

《祖父的园子》选自萧红作品《呼兰河传》,节选部分运用拟人和排比的手法,依次对花、鸟、虫子、倭瓜、黄瓜、玉米等进行了描写。众多景物营造出一派丰富、健康、自由自在的园子景象,一切都生机盎然、快乐美好。表达了作者对园子的喜爱,表达出一种自由自在、无拘无束的童年感受,更表达了对宠爱自己的祖父的怀念。

## 独特的名片

姓名：哈尔滨
地位：黑龙江省省会
美誉：东方莫斯科、东方小巴黎、冰城
景点：萧红故居、五国城遗址、
　　　东北烈士纪念馆、金上京会宁府遗址
美食：大列巴面包、白肉血肠、红肠、冻梨

## 探寻哈尔滨文化

**冰雪宴** 在冰雪宴上，厨师们会制作精巧玲珑、种类丰富的冰雪美食，展示自身厨艺的同时，也体现了鲜明的地域冰雪特色。

**哈尔滨之夏音乐会** 第一届音乐节开始于1961年，每两年举行一次。哈尔滨音乐会与上海之春国际音乐节、广州羊城音乐花会并称中国三大音乐节。

**扭大秧歌** 东北大秧歌是当地的一种群体性舞蹈形式。这里的秧歌不分季节，无需特定节日，大街小巷经常可以看到秧歌表演，但会在元宵节进行比赛。

**野餐夜游** 受到北方少数民族的生活和饮食习惯影响，哈尔滨百姓至今仍有野游和野餐的习惯。坐在广袤的草原上，自由自在品味美食，尽兴畅饮，好不快活！

## 东北名菜——"八大炖"

哈尔滨等东北地区的百姓很喜欢炖菜，其中最著名的要数东北"八大炖"。这八道菜分别是：小鸡炖蘑菇、排骨炖豆角、猪肉炖粉条、鲇鱼炖茄子、得莫利炖活鱼、牛肉炖柿子、羊肉炖酸菜、狗肉炖豆腐等。这些菜的共同特点是制作方法简单，以炖为主，食材易得，经济实惠，且味道很不错，因此广受大众喜欢。

### 你知道吗？

"哈尔滨"名字的由来与"天鹅"有关？

哈尔滨名字的由来有很多种说法，其中比较流行的是"天鹅论"。这种说法认为哈尔滨原本的发音是galouwen，意为天鹅；还有说法认为，古代哈尔滨附近曾经栖息过天鹅，因此得名。

## 哈尔滨的景色

### 📍 五国城遗址

是辽代五国部遗迹之一，现位于依兰县北。这里也是宋徽宗和宋钦宗"坐井观天"的遗址。1956年，这里被列为省级重点文物保护单位。

### 📍 萧红故居

是作家萧红的旧居，位于呼兰城区内。该建筑原建于1908年，有7125平方米。如今这里展示了萧红不同时期的照片、图书等。

### 📍 东北烈士纪念馆

纪念馆位于南岗区，杨靖宇、赵一曼、赵尚志、陈翰章等数百名烈士的遗像、遗物陈列于此，建馆半个世纪以来征集和展示了众多文物，其中国家一级文物就达到83件。

### 📍 金上京会宁府遗址

又名白城，位于阿城南，是金朝早期的都城。遗址主要包括南城、北城和皇城，至今仍可看到金朝当年的残砖断瓦。

# 哈尔滨的味道

### 大列巴面包

被誉为"哈尔滨一大怪——大面包像锅盖",这种面包重达2.5千克,直径可达25厘米以上,以炭烤工艺制成,便于携带,可长期保存。

### 白肉血肠

白肉炖血肠是东北特区的特色菜,也是满族人喜欢的传统美食。白肉血肠的特点是色彩丰富,肉香浓厚,香而不腻。

### 红肠

源于1913年一名叫作爱金宾斯的俄罗斯技师制作香肠的技艺,后传入中国。正宗红肠是使用原木熏制的,这样制作出的红肠油而不腻,香味悠长。

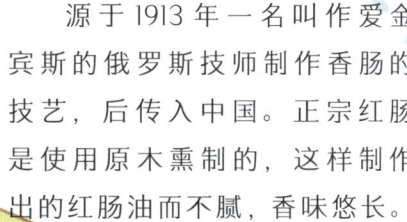

### 冻梨

东北地区气候寒冷,缺少新鲜水果,因此经常会制作冻梨、冻柿子等水果贮藏食用,制作流程大致相同。

1. 精选花盖梨、秋白梨、白梨、尖把梨等,处理干净;
2. 在户外或者冰箱中冷冻一段时间;
3. 食用时将冰冻的冻梨放入凉水中浸泡,待化开后即可食用。

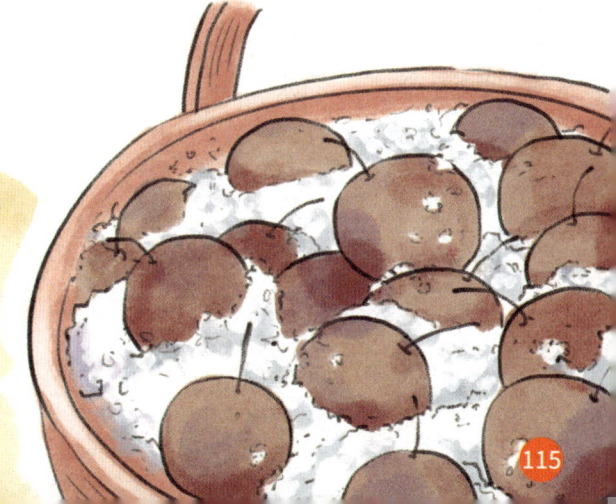

# 敦煌
## 丝路重镇，壁画世界

敦煌地处甘肃、青海和新疆的交汇处，在河西走廊的最西端。如果问你"敦煌"是什么意思，你能想到什么？《汉书》中记载："敦，大也；煌，盛也。"可见，"敦煌"有"盛大辉煌"的意思。这样形容敦煌是不是言过其实了呢？我们和唐代大诗人王昌龄一起去一探究竟吧！

### 课本直播间

青海长云暗雪山，孤城遥望玉门关。
黄沙百战穿金甲，不破楼兰终不还。
——王昌龄《从军行》（其四）

### 作者简介

王昌龄，字少伯，是盛唐时期的著名诗人，作品以七言和五言居多，尤其擅长七言诗，后世称其为"七绝圣手"。王昌龄创作的诗歌有边塞诗、宫怨诗、离别诗等，其中边塞诗高昂浑厚，格调颇高，他也因此被誉为"诗家夫子王江宁"。王昌龄如今存世的诗歌多存于《王昌龄集》。

### 创作背景

这首诗歌是王昌龄《从军行》七首中的第四首。这时大唐正处在盛世繁华时期，君王锐意进取、开疆拓土，将士们也都希望可以崭露头角、建功立业。王昌龄这时来到战场，被将士们的精神感染，诗歌也表现出一种豪迈雄浑的美感。

### 写作手法

《从军行》(其四)的前两句中，我们可以看到"青海""长云""雪山""玉门关"等鲜明的边塞意象，呈现出一种恢宏豪迈的意境，此为远观实景。后两句描写想象中穿戴金甲、百战不回的战士形象，以及战士"不破楼兰终不还"的决心，表现出坚毅、勇猛、豪壮的英雄本色。由现实到想象，一切水到渠成，"盛唐气象"展现得淋漓尽致。

## 独特的名片

姓名：敦煌
地位：丝绸之路上的重镇，国家历史文化名城
美誉：东亚文化之都、西部明珠、戈壁绿洲
景点：月牙泉、莫高窟、鸣沙山、雷音寺
美食：驴肉黄面、胡羊焖饼、沙葱炒蛋

### 探寻敦煌文化

**四月八庙会** 敦煌本地的传统节日，每年到了农历四月初八，敦煌的老老少少都会前往莫高窟、三危山、雷音寺等地赶庙会，祭拜祖先。

**敦煌曲子戏** 敦煌市的传统戏剧形式之一，也是国家级非物质文化遗产。敦煌曲子戏大约起源于唐及五代时期，明清后影响渐大，剧目主要有《老换少》《磨豆腐》等。

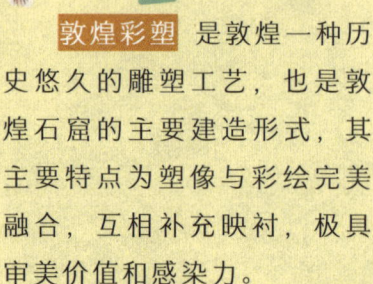

**敦煌彩塑** 是敦煌一种历史悠久的雕塑工艺，也是敦煌石窟的主要建造形式，其主要特点为塑像与彩绘完美融合，互相补充映衬，极具审美价值和感染力。

# 为何称敦煌莫高窟为"佛教艺术圣地"？

提到敦煌，很多人第一个想到的就是这里的莫高窟。莫高窟位于鸣沙山东的崖壁上，其中有洞窟735个，彩塑2400多尊，壁画4.5万多平方米。这里的洞窟主要有禅窟、佛龛（kān）窟、涅槃窟等。壁画主要描绘的是当时的百姓日常劳动时的场景。可以说，敦煌莫高窟是世界上现存规模最大、内容最丰富的佛教艺术圣地之一。

## 你知道吗？

**"西出阳关无故人"中的"阳关"在敦煌？**

唐代大诗人王维在为好友送别的时候曾经写下过名垂千古的诗句"劝君更尽一杯酒，西出阳关无故人"，可你知道这里的"阳关"是在敦煌吗？阳关其实是在汉武帝时期就已经设置了，与玉门关一样是丝绸之路上的重要关隘。如今，阳关只剩下烽火遗址，但仍能看出昔日的繁华。

**铁打花** 铁打花的朵朵金花凌空绽放，流光溢彩，十分壮观，其历史可以追溯到唐宋，后经千年演变，如今成为春节期间一项富有地方特色的民俗文化活动。

## 敦煌的景色

📍 **雷音寺**

位于敦煌市南约4千米处，古丝绸之路上的重要佛教寺院。是敦煌市规模最大的佛教活动场所，拥有五进院落及多座殿堂，集信仰、弘法、修行、教育、交流于一体，是中西文化交汇的见证。

📍 **三危山**

著名佛教圣地，主要景点有三危圣境、龙王庙、王母宫、观音井等，其中的塑像和碑刻古老精致，规模宏大。

## 敦煌的味道

**驴肉黄面**

驴肉黄面是由麦面制成的，色泽金黄，形如龙须。面条煮熟后会加入蔬菜和汤，香味浓厚，工艺讲究，是当地百姓很喜欢的一道美食。

**沙葱炒蛋**

敦煌常见菜，其中的沙葱产自敦煌本地的戈壁中，与鸡蛋一起炒的时候不仅没有一般葱的冲味，还能为鸡蛋增添清爽和香气，是一道非常下饭的菜品。

**胡羊焖饼**

敦煌的一道特色美食。这道菜选用当地优质的羊肉，搭配薄透筋道的面饼一同焖煮，使面饼充分吸收羊肉的鲜美和汤汁的醇厚。吃起来既有羊肉的香味，又有面饼的口感，令人回味无穷。

### 莫高窟

最早开凿于前秦时期，又名"千佛洞"。莫高窟中最珍贵的要数其中的壁画和塑像。壁画色彩艳丽，内容多为佛教故事。塑像建造工艺极高，最小者仅有2厘米。

### 鸣沙山与月牙泉

月牙泉在鸣沙山的怀抱中，叫"鸣沙山"是因为这里的沙子被风吹动会发出鸣响，"月牙泉"是因其形状宛如弯月而得名。二者为敦煌市的"二绝"。

### 敦煌烤全羊

我国西北特色美食，敦煌烤全羊不仅表皮金黄，而且外焦里嫩，是非常健康的绿色食品。

### 浆水面

是"敦煌八大怪"之一，也是敦煌本地人夏季消暑常吃的一种食物，具有多种有益酶，能够增进食欲。

其主要做法如下：
1. 制作浆水，首先将芹菜或箭杆白菜、莲花菜放进面汤里，然后加上浆水酵子，最后盛入缸内放在温暖处发酵三天，即可制成可口的浆水；
2. 煮熟手擀面，盛出过凉开水；
3. 向面中加入浆水，撒上油葱花和香菜末即可食用。

# 武汉
## 楚中繁盛处，九省通衢地

如果你吃过美味的热干面，一定对武汉这座城市有所耳闻。不过，武汉的名声可不是现在才传到世人的耳朵里的。在唐代，大诗人李白就已经为武汉的黄鹤楼写过很多大名鼎鼎的诗篇。除了李白之外，崔颢、王维、陆游等大诗人也都为武汉的黄鹤楼写过诗歌。快跟随诗人的脚步，一起探究武汉和黄鹤楼的独特魅力吧！

### 课本直播间

故人西辞黄鹤楼，烟花三月下扬州。
孤帆远影碧空尽，唯见长江天际流。
——李白《黄鹤楼送孟浩然之广陵》

### 作者简介

李白是我国唐代著名浪漫主义诗人,字太白,号青莲居士,被誉为"诗仙",与"诗圣"杜甫合称为李杜。李白曾在唐玄宗时期担任翰林供奉,后在永王之乱中被流放至夜郎。李白作品数量众多且多天才之作,文风豪迈洒脱,想象大胆瑰丽,代表作有《行路难》《蜀道难》《将进酒》等。

### 创作背景

唐玄宗开元年间,李白与年长其11岁的孟浩然结识并成挚友。公元730年阳春三月,孟浩然欲前往广陵(今江苏扬州),李白得知后,特地在江夏(今武汉武昌)的黄鹤楼与他相会并为其送行。目送孟浩然乘舟远去,李白心中涌起无限惆怅,遂挥笔写下此诗,表达对友人的依依惜别之情。此诗以绚丽春色和浩渺长江为背景,寓情于景,情深意长。

### 写作手法

在《黄鹤楼送孟浩然之广陵》中,运用了借景抒情与虚实结合的手法。诗人借黄鹤楼这一历史名胜为背景,描绘了一幅壮阔的江景图:孤帆远影,碧空尽处,长江天际流,以此辽阔之景反衬离别的愁绪,寓情于景,使情感表达更加深沉而不露痕迹。同时,诗中"孤帆远影碧空尽,唯见长江天际流"一句以实写虚,实写船只远去直至消失,虚写对友人无尽的思念与牵挂,展现了诗人与孟浩然友情的深厚,以及离别后的无限惆怅,手法高妙,意境深远。

姓名：武汉
地位：中国中部地区重要城市
美誉：九省通衢
景点：黄鹤楼、龙泉山、武汉大学、古琴台
美食：麻烘糕、孝感麻糖、三鲜豆皮、热干面

## 探寻武汉文化

**汉绣** 汉绣是湖北当地流行的一种刺绣艺术。汉绣中多凤凰、宗教人物等图案，用色大胆，对比强烈，绣工精细，主要工艺流程为一画、二绣、三修饰。

**汉剧** 旧称楚调、汉调，是国家级非物质文化遗产之一，发源于湖北。其声腔以西皮、二黄为主，表演细腻入微，注重技艺结合。汉剧历史悠久，对中国戏曲发展影响深远，尤其对京剧形成有特殊贡献。现存剧目丰富，艺术家辈出，是中华优秀传统文化的瑰宝。

**龙舞** 龙舞也叫高龙，是一种流行于湖北等地的龙灯艺术。高龙高大威猛，一般要有四五个人表演，主要的舞法是竖式舞法。龙舞表演一般在每年正月十一开始，到正月十五结束。

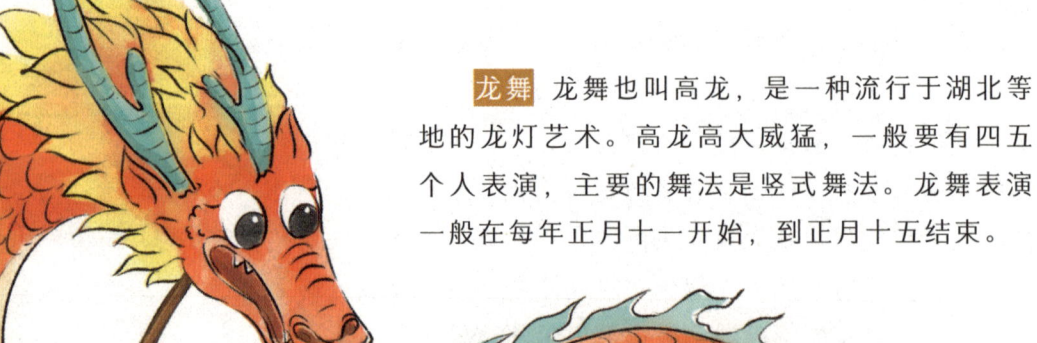

# 中国铁路之父——詹天佑

詹天佑的故居位于武汉市江岸区，你知道他为我们国家做出过怎样的贡献吗？

詹天佑被誉为中国铁路之父，他是一位杰出的铁路工程师。12岁时，他就留学美国，后来在耶鲁大学学习铁路工程。回国后，他主持修建了我国第一条自主设计并建造的铁路——京张铁路，还创新设计了"人"字形铁路和"竖式开井法"，解决了许多工程难题。他的贡献不仅在于铁路建设，更在于他展现出的民族责任感和自信心激励了无数中国人。詹天佑的一生都在为中国铁路事业奋斗，他的精神值得我们永远铭记和学习。

中国铁路之父

## 你知道吗？

**为什么称武汉长江大桥为"万里长江第一桥"？**

武汉长江大桥连接着武汉市的汉阳区和武昌区，是中国长江上的第一座大型桥梁。新中国成立不久，中央就发出了设计武汉长江大桥的指令。1957年，武汉长江大桥——这座上下两层、公路和铁路两用的大桥正式通车。毛泽东主席在诗歌《水调歌头·游泳》中称赞武汉长江大桥："一桥飞架南北，天堑变通途。"后来人们就用"天堑变通途"来形容武汉长江大桥建成的重大意义。武汉长江大桥的建成，使得我国的京广铁路得以南北贯通。与之前的轮渡运输量相比，铁路运输量增加了十几倍。

# 武汉的景色

### 黄鹤楼

它地处武汉市蛇头山。黄鹤楼共有5层，每层都有飞檐装饰，整座楼高达50米，有60个宛如黄鹤欲飞状的飞角。登上黄鹤楼，可以俯瞰不远处的鹦鹉洲。

龙泉山位于武汉市龙泉乡。龙泉山东西走向，山脉之间有一块盆地，呈现出美妙的幽谷风光。龙泉山上著名的遗迹是"明九王墓"，也就是明朝楚王的陵墓。

### 龙泉山

### 武汉大学

武汉大学在武昌区内，是一所全国重点大学，这里的建筑不少是民国时期建造的。每年春天，武汉大学的樱花都会吸引很多人前来观赏。

### 古琴台

古琴台又名"伯牙台"，始建于北宋时期。这里院落的最深处是琴堂，堂中摆着一块象征着俞伯牙弹琴琴台的白玉石台。古琴台中的建筑层次清晰又回环曲折。

# 武汉的味道

麻烘糕：武汉当地的一种糕点，口味很多，如桂花味、绿豆味等。麻烘糕松脆可口，入口即化，很受当地人欢迎。

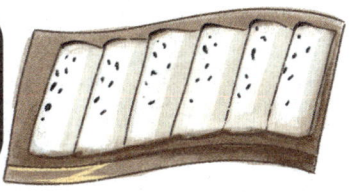

孝感麻糖：孝感麻糖的制作工艺十分烦琐，要经过12道工艺、32个环节。孝感麻糖不仅味道独特，而且营养十分丰富。

热干面：热干面是武汉最被全国人民知晓的特色美食之一，它与山西刀削面、北京炸酱面、四川担担面、河南烩面一起被称为"中国五大名面"。

1. 将碱面煮熟，过冷水备用；
2. 将猪里脊肉加佐料腌制十分钟后炒熟，盛出备用；
3. 榨菜、香葱等切碎备用；
4. 将肉丁、香葱等倒入面中，搅拌均匀后即可食用。

三鲜豆皮：三鲜豆皮是武汉百姓早餐喜欢吃的特色美食，外皮的主要原料是豆皮、糯米，内馅则是由鲜肉、鲜菇、鲜蛋以及豆皮制成，三鲜豆皮口感酥脆清爽，受人喜爱。

# 聊城
## 江北水城，两河明珠

聊城在山东的西部，位于河北、山东和河南的交界处。这座运河文化和黄河文化共同孕育出的城市，至今已有两千五百多年的建城史。这里出现过始祖蚩尤、名相伊尹，还是全国闻名的红色革命根据地，甚至《水浒传》《聊斋志异》《老残游记》等名著中也有故事发生在此地。准备好了吗？和大师季羡林一起探访这座精彩的城市吧！

### 课本直播间

我只在故乡待了六年，以后就背井离乡，漂泊天涯。在济南住了十多年，在北京度过四年，又回到济南待了一年，然后在欧洲住了近十一年，又回到北京，到现在已经四十多年了。在这期间，我曾到过世界上将近三十个国家，看过许许多多的月亮。在风光旖旎（yǐ nǐ）的瑞士莱芒湖上，在无边无垠的非洲大沙漠中，在碧波万顷的大海中，在巍峨雄奇的高山上，我都看到过月亮。这些月亮应该说都是美妙绝伦的，我都非常喜欢。但是，看到它们，我就立刻想到故乡苇坑上面和水中的那个小月亮。对比之下，我感到这些广阔世界的大月亮，无论如何比不上我那心爱的小月亮。

——季羡林《月是故乡明》（节选）

### 作者简介

季羡林,字希逋(bū),山东聊城人,中国著名语言学家、翻译家和作家。曾任北京大学副校长。他早年留学国外,擅长英文、德文、梵文、巴利文,还能阅读俄文、法文书籍,特别精于吐火罗文,是世界上为数不多的精于此语言的几位学者之一。

### 写作手法

季羡林出生于山东聊城临清,在小小的贫困村庄度过了自己的童年,6岁时离开家乡。《月是故乡明》这篇文章中,作者季羡林先是回忆了童年在家乡的趣事,节选部分又将自己在世界各地看到的月色进行比较。这里是典型的对比手法,作者虽然看到过大千世界的不同"大月亮",但最让他惦念和喜爱的无疑还是家乡的平凡小月亮,表达了作者对家乡的怀恋之情。

## 独特的名片

姓名：聊城
地位：国家历史文化名城、全国"双拥"模范城市
美誉：运河古都
景点：光岳楼、海源阁、景阳冈、东阿洛神湖国家湿地公园
美食：托板豆腐、驴肉火烧、聊城呱嗒、姜楼烧鸡、空心琉璃丸子

## 东昌湖在众多名著中多次"露脸"？

聊城的东昌湖中心是宋朝始建的水上古城，水面辽阔，绕城而流，体现了"水、古、文"的特色，呈现出一幅城水相依、互相交融的景象。中心古城是以光岳楼为中心的、占地一平方公里的正方形，楼周围的大街小巷垂直交叉，形似棋盘。这里不仅风景秀丽，而且文化底蕴深厚，在古代名著《水浒传》《聊斋志异》和《老残游记》等中，东昌湖多有"露脸"！

# 探寻聊城文化

**火狮子** 温庄火狮子至今已有千年历史。火狮子的毛发是由3600多根火捻做成的,威武的火狮子浑身火光,忽明忽暗,不停闪烁,堪称奇观。它已经被列入市级非物质文化遗产名录。

**东阿阿胶** 阿胶是一种由驴皮熬煮和浓缩后形成的补品。东阿阿胶的制作工艺复杂,在古代一直是进贡给皇家的名贵中药,具有治疗血虚、滋阴润燥的功效。

**东昌葫芦雕刻** 国家级非物质文化遗产。葫芦雕刻多以扁葫、大葫芦和亚腰葫芦为主,经过发酵、雕刻、上色等工序制作成精美的艺术品,带有福禄幸福的寓意。

**东昌府木版年画** 国家级非物质文化遗产。东昌府木版年画发源于唐代,其艺术特色是将年画、门神画和木版画融为一体,线条简洁有力,古朴鲜明,对比强烈。

## 你知道吗?

### 聊城名吃——武大郎炊饼

我国古典四大名著之一《水浒传》中的重要角色——武松,他的哥哥武大郎是卖炊饼的。聊城的地方美食炊饼,也因此后来被称作"武大郎炊饼"。聊城的"武大郎炊饼"色泽金黄,气味诱人,咬一口酥脆可口、香味充斥口鼻。在聊城,"武大郎炊饼"是一种随处可见的美食。

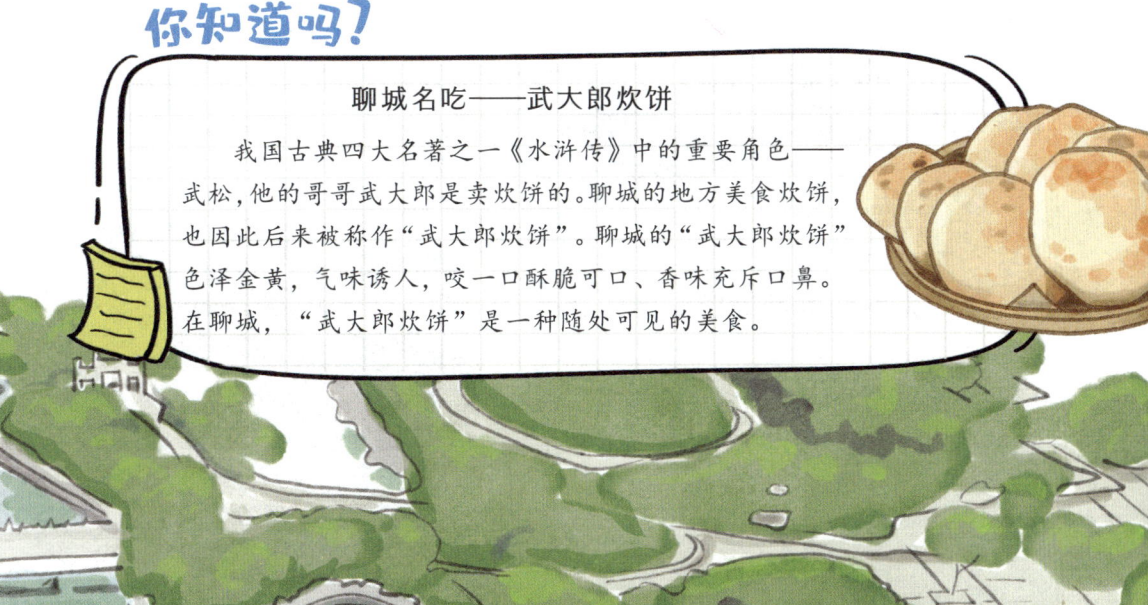

# 聊城的景色

## 📍 光岳楼

光岳楼是聊城代表性景色，始建于明朝，是我国留存至今的明朝楼阁中最大的一座。光岳楼总高33米，由砖石砌成的楼基和木结构的主楼两部分组成。

## 📍 海源阁

位于光岳楼南侧，是建于清朝道光年间的藏书阁，也被视为聊城文风昌盛的重要标志。海源阁中收藏了大量的宋元珍本，藏书总量多达22万卷。

## 📍 景阳冈

景阳冈景区位于聊城阳谷东16千米处，因武松在这里打虎而名扬天下。如今，这里草海无涯、沙丘连绵，还打造了景阳冈酒店、武松打虎处、武松庙等景观。

## 📍 东阿洛神湖国家湿地公园

位于聊城东阿县，总面积156.8公顷。洛神国家湿地公园内动物丰富，植物繁多，已经形成了一个完整的湿地生态系统，具有维持生态平衡的作用。

## 聊城的味道

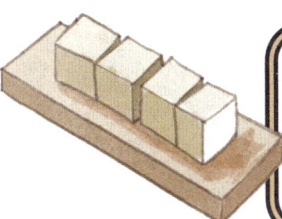

**托板豆腐**：聊城特色小吃，因以前小商贩经常把豆腐放在特定的长板上售卖而得名。托板豆腐鲜嫩细腻，营养丰富，是一种便宜又好吃的美食。

**驴肉火烧**：聊城人有吃驴肉的习惯，每当宴请宾客，驴肉都是必不可少的美食，"无驴肉不成宴"，尤其是高唐地区驴肉火烧最为出名。

**聊城呱嗒**：聊城本地传统名吃，是一种带馅料的煎烙食物。呱嗒皮酥里嫩，馅料香味浓郁，非常受当地百姓喜爱。

**姜楼烧鸡**：东阿县姜楼镇的特色美食。姜楼烧鸡采用当地土鸡作为主要原料，经过烧制后不仅色泽鲜亮，十分诱人，且口感香而不腻，是一种自然保存时间较长的特产。

**空心琉璃丸子**：一道传承百年的经典鲁菜，在聊城十分流行。

1. 将面粉和白糖混合，并打入鸡蛋黄，搅拌均匀，也可以加入红枣、黑芝麻等；
2. 加入开水缓慢搅动，直至形成光滑的面团。微凉之后，将面团分别挤成小丸子状；
3. 先慢火将丸子炸至金黄，捞出；
4. 投入丸子复炸；
5. 用清水和白糖熬出黏稠的糖浆，将炸好的丸子在糖浆中翻滚，冷却后表面便会形成琉璃质感。

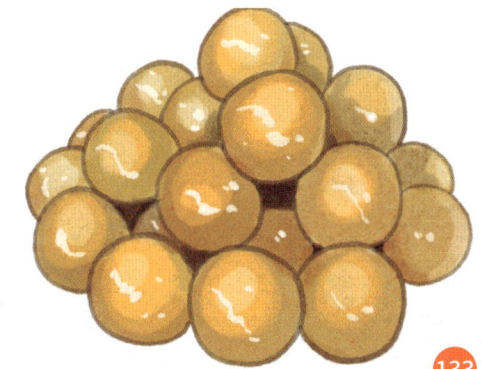

# 西藏
## 雪域圣地，高原明珠

西藏自治区位于我国青藏高原之上，因特殊的地形地势，这里干燥、日照时间较长且昼夜温差大。在这样的环境中，孕育出了西藏饮食四宝：酥油、茶叶、牛羊肉和糌粑（zān ba），这里的人们也修建了以碉（diāo）房为代表的民居和以布达拉宫为代表的宗教建筑。西藏是座大宝库，有的好东西可不止以上这些，来吧，我们一起去瞧瞧吧！

### 课本直播间

传说，唐东杰布在母亲的肚子里待了80年，出生时头发胡子都白了。因此，在藏戏里，他的面具是白色的，前额饰有日月，两颊贴着短发，眉眼嘴角永远带着神秘的笑。在藏戏里，身份相同的人物所戴的面具，其颜色和形状基本相同。国王的面具是红色的，红色代表威严。王妃的面具是绿色的，绿色代表柔顺。巫女的面具半黑半白，代表其两面三刀。妖魔的面具青面獠牙，以示压抑和恐怖。村民的面具则用白布或黄布缝制，眼睛和嘴唇处挖出窟窿，以示朴实敦厚。

——马晨明《藏戏》（节选）

**作者简介**

马晨明，山东菏泽人，曾任《金融时报》《人民日报》记者，援藏教师。作品有《西藏采访笔记》《藏戏》等。

**写作手法**

节选部分作者用简单爽利的语言描绘出藏戏脸谱鲜明且丰富的特点。文章这部分可以借鉴的写作手法是象征手法，如藏戏中白色面具代表人物纯朴的形象，再如藏戏中半黑半白的面具说明人物是两面三刀的性格。经过提炼，抽象的人物性格在面具上简单明快地进行了呈现，这点我们在写作的时候也可以参考。

# 独特的名片

姓名：西藏自治区
地位：中国五个少数民族自治区之一
美誉：欧洲游客最喜爱的旅游城市、中国优秀旅游城市
景点：布达拉宫、大昭寺、林芝巴松措、日喀则扎什伦布寺
美食：酥油茶、糌粑、酸奶、风干牛肉

## 探寻西藏文化

**平顶碉房** 西藏现存比较多的是石头砌成或土木结构的平顶碉房。平顶碉房一般有数层，一层养牲口和堆放杂物，二层是用于人居住，三层通常是经堂。

**帐篷** 西藏地区盛产牛毛,帐篷就是用牛毛制成纺线后编织成的。帐篷的搭建一般面西朝东,这样可以背风。帐篷中央一般是灶台,南侧是日常用品,北侧是休息睡觉的地方。

**象雄文化** 西藏的根基文化,起源于古象雄王朝,距今已有万余年历史,对西藏乃至世界文明产生了深远影响。象雄文化融合了中原、西亚和南亚的文明精华,创造了独特的文字、宗教和艺术。如今,象雄文化的痕迹仍渗透在西藏人民的生产生活和民俗信仰中,如祭山神、转山等宗教活动。

**唐卡** 西藏地区一种装裱精美华丽的宗教卷轴画,被誉为中华民族绘画艺术的珍品。绘制唐卡的颜料通常十分奢侈,有金银、珍珠、珊瑚、玛瑙、松石、孔雀石等。

# 青藏高原为什么被称为"世界第三极"?

我们都知道地球有南极和北极,除了这两极之外还有"第三极"——青藏高原。青藏高原被称为"第三极",是因为世界最高峰——珠穆朗玛峰位于这里。青藏高原除了海拔高外,气温也如南北极般寒冷,早晚温差极大,存在的生命很少。

## 你知道吗?

### 藏戏被誉为藏文化的"活化石"?

藏戏是西藏地区百姓用歌舞表现故事的一种综合性表演艺术,通常会伴有民族节庆、庙会、募捐、集市等活动,浓郁的雪域特色和藏民族文化是藏戏的特色。藏戏的表演贴近大众,深受广大百姓喜爱。因历史悠久和鲜明的藏民族文化特色,藏戏又被誉为藏文化的"活化石"。

# 西藏的景色

### 📍 布达拉宫

布达拉宫为松赞干布为迎娶文成公主建造的，位于海拔3700多米的红山上，有1267间房屋。布达拉宫的建筑主体为红宫和白宫，这里具有悠久的历史和浓厚的宗教意味。

### 📍 大昭寺

大昭寺是始建于1300多年前的藏传佛教寺院，由藏王松赞干布修建，它是西藏最早的土木结构建筑，融合了藏、唐、印度和尼泊尔等建筑风格，同时，还开创了藏式平川式寺庙规式。

### 📍 林芝巴松措

巴松措源于藏语，意思是"绿色的水"，海拔3000多米，被誉为"小瑞士"。这里集雪山、牧场、瀑布、湖泊等于一身，更有古刹、文物，景色各异，特色鲜明。

### 📍 日喀则扎什伦布寺

寺庙位于日喀则的尼色日山上，是日喀则地区最大的寺庙，与甘丹寺、色拉寺、哲蚌寺合称为格鲁派"四大寺"。扎什伦布寺中最主要的建筑是强巴佛殿。

# 西藏的味道

**酥油茶**：西藏百姓日常生活中离不开的一种饮品，主要由茶和酥油调配而成。所谓酥油是从羊奶或者牦牛奶中提炼出来的奶油。酥油茶解渴扛饿，制作起来也很方便快捷。

**酸奶**：西藏的酸奶是用牦牛奶制成的，经过蒸煮、冷却和发酵等工序，酸奶会形成块状，与蜂蜜一起食用，味道绝佳！

**糌粑**：炒面的藏语音译，是一种将青稞炒熟、磨成面制成的食物，通常会搭配酥油茶和奶渣、糖等一起搅拌，捏成小团食用。糌粑的热量极高，方便储存和携带，是充饥御寒的好选择。

**风干牛肉**：西藏人喜爱吃肉，尤其是牦牛肉，为了方便储存和携带，他们发明了风干肉。其制作方法如下：

1. 选用优质牦牛后腿肉，去掉筋膜，切成片后放在通风处晾晒；
2. 锅中倒入花生油，将干燥后的牛肉放入炸几分钟后捞出；
3. 将捞出的肉撕成小块，回锅复炸后捞出，淋上盐醋糖等调制的汤汁，再加上少许芝麻油即可食用。

# 成都
## 天府圣地，休闲之都

　　成都是四川省的省会城市。这里有着清幽的杜甫草堂、沉稳大气的武侯祠、明艳动人的蜀绣、变化丰富的皮影，还有让人一想到就忍不住流口水的担担面、钵钵鸡；这里既有古老悠久的历史，也有时尚繁华的太古里。这座多元、神秘的城市是不是成功引起了你的好奇？来吧，我们和大诗人杜甫一起前往成都！

### 课本直播间

好雨知时节，当春乃发生。
随风潜入夜，润物细无声。
野径云俱黑，江船火独明。
晓看红湿处，花重锦官城。
　　　　——杜甫《春夜喜雨》

### 作者简介

杜甫,字子美,世称"杜工部",唐代现实主义诗人,被誉为"诗圣",与李白合称为"李杜"。杜甫的诗歌造诣可与"诗仙"李白媲美,但相比之下,杜甫的诗中更多的是心怀天下、忧国忧民,多了不少历史的厚重感。

### 创作背景

《春夜喜雨》是杜甫在成都创作的,他在成都的居所现已被改成杜甫草堂。写作《春夜喜雨》时,杜甫已经在这里住了两年,他平时种花种菜,与百姓一起生活。大旱时节,这场雨无疑是场及时雨,诗歌中很容易看出作者喜悦的心情及对春夜细雨无私奉献的赞美。

### 写作手法

《春夜喜雨》的前四句,是杜甫看到春夜的小雨在夜色下细细降落,无声浸润万物,宛如无私奉献的小精灵。"发生"一词用得极好,能看得出小雨满足了作者的热切期待,静静地滋养万物。后四句,写作者推门而出,驻足远望,一片漆黑中,只有江船渔火红艳夺目,映衬得雨丝更加细密。《春夜喜雨》中的诗句"随风潜入夜,润物细无声"后来也经常用于形容人默默无闻、无私奉献的品性,可以作为素材积累,在日后的写作中使用。

# 独特的名片

**姓名**：成都
**地位**：世界文化名城、国际门户枢纽、东亚文化之都
**美誉**：天府之国、锦官城
**景点**：四川大熊猫繁育基地、杜甫草堂、宽窄巷子、武侯祠、青城山
**美食**：成都抄手、钵钵鸡、三大炮、成都担担面

# 探寻成都文化

**蜀绣** 中国"四大名绣"之一,以彩丝和软缎为主要原料。蜀绣的针脚细密,图案形态丰富且具有立体感。蜀绣第一批列入我国非物质文化遗产名录。

**蜀锦** 四川又被称为"蚕丛之国",蜀锦历史悠久。蜀锦在汉唐时非常兴盛,因出产自蜀地得名。蜀锦的色彩丰富,构图饱满,质地坚韧,很受国内外消费者欢迎。

**四川皮影** 一种百姓喜闻乐见的成都民间艺术,已经被列入非物质文化遗产名录。四川皮影制作复杂、精美,图案多来自川剧,表演时需要多人协作,唱、提结合。

**川剧** 我国第一批非物质文化遗产,主要流行于我国西南地区。川剧唱腔多样,分为小生、旦角、生角、花脸、丑角等五个行当,其脸谱能够集中体现角色的性格特征。

# 全世界最早的纸币——交子？

世界上最早的纸币——交子，出现在宋朝的四川。唐朝中后期，四川等地的商业经济快速发展。到了北宋，经济发展到一定程度，成都等地当时使用的铁钱携带起来非常笨重，很不方便，影响了商业的发展。因此，到了宋真宗时期，成都的16家富户在官府的许可下共同印制了"交子"，并用"交子"向交子铺兑换现钱。后来，交子在官办机构的主持下逐渐推广。

## 你知道吗？

"成都"养成史！

成都是古代蜀文明的发源地，有着四千多年的城市文明，是中国的"十大古都"之一。但"成都"这个名字是怎么来的你知道吗？据记载，这与西周建都的历史有关，周王迁岐的过程中，"一年而所居成聚，二年成邑，三年成都"，所以将这里用"成都"来命名，并沿用至今。

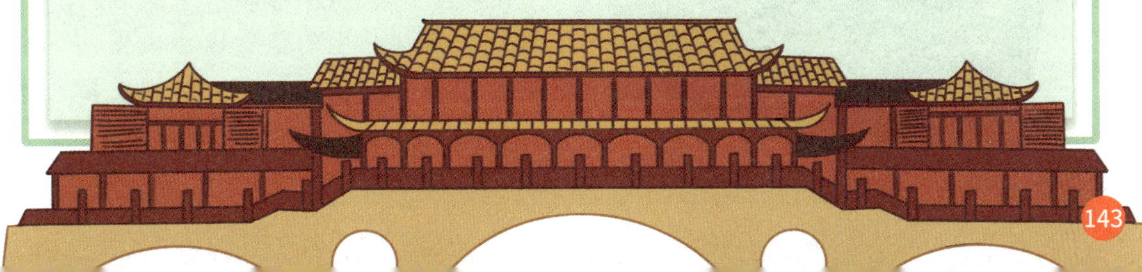

# 成都的景色

### 📍 四川大熊猫繁育基地

位于成都市成华区，是五星级景区。这里生活着大熊猫、小熊猫等多种珍贵保护动物，拥有全球最大的圈养大熊猫人工繁殖种群。

### 📍 宽窄巷子

是两条清朝古街，分别为宽巷子、窄巷子，均为成都地标式景点。其中，宽巷子里多为特色民俗店铺，如茶馆、酒馆等；窄巷子中多为商业品牌店铺。

### 📍 杜甫草堂

唐代伟大诗人杜甫流寓成都时的居所遗址。这里环境清幽，古木参天，保存有众多纪念杜甫的祠宇建筑，是研究杜甫生平创作和唐代文化的重要场所，也是中国文学史上的圣地之一，吸引着无数文人墨客及游客前来凭吊瞻仰。

### 📍 武侯祠

这里是纪念以诸葛亮、刘备等为代表的蜀汉英雄的地方，景区主要分为三个部分：三国历史遗迹区、锦里民俗区、三国文化体验区等，其中包含了五十多位英雄雕像。

### 📍 青城山

青城山位于都江堰内，不仅有山水环绕、密林丛生的优美自然风光，还有建福宫、祖师殿、上清宫等众多名胜古迹，有"青城天下幽"之誉。

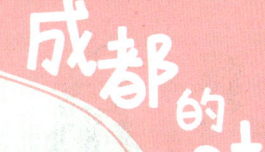
# 成都的味道

钵钵鸡：钵是指瓦罐，钵钵鸡多用瓦罐盛装。钵钵鸡中的鸡肉鲜香麻辣，十分鲜嫩。汤汁中的红油浸入鸡肉，口感爽滑，还可以加入平菇、豆芽等蔬菜。

三大炮：所谓"炮"，是因为制作过程中会发出类似于响炮的声音。它的主要食材为糯米、芝麻和红糖等，味道甜美，是本地人喜爱的小吃之一。

成都抄手：抄手味道鲜美，以薄、嫩、滑、鲜、香为特色，加入辣椒油和花椒油提味后味道更佳。

成都担担面：川菜代表，"中国十大名面条"之一，也是成都本地人日常喜欢吃的食物，其制作方法如下：

1. 先将猪肉馅倒入锅中炒熟，盛出待用；
2. 用猪油将葱、姜、蒜炒香，加入芽菜、肉末，并倒入生抽、料酒、米醋、芝麻等调料，炒香盛出；
3. 开水下面，熟后盛出，并将油菜焯水盛出；
4. 煮熟的面条中倒入高汤，再将肉酱、油菜加入，最后撒上香菜等即可。

# 北京
## 传统与现代交融

　　北京是我们国家的首都，它既是一座历史悠久、富有文化韵味的古都，也是一座焕发着时代朝气的现代大都市。在这里，不仅有好吃的烤鸭、卤煮、豌豆黄，还有令人振奋的奥运会，各种传统节庆自然也是少不了的。春节这一富有中国特色的节庆，在老北京眼里又是怎么样的呢？

　　让我们一起瞧一瞧老舍眼中热闹的北京春节吧。

### 课本直播间

　　除夕真热闹。家家赶作年菜，到处是酒肉的香味。老少男女都穿起新衣，门外贴好红红的对联，屋里贴好各色的年画，哪一家都灯火通宵，不许间断，炮声日夜不绝。在外边作事的人，除非万不得已，必定赶回家来，吃团圆饭，祭祖。这一夜，除了很小的孩子，没有什么人睡觉，而都要守岁。

——老舍《北京的春节》（节选）

### 作者简介

　　老舍，原名舒庆春，字舍予。中国现代小说家、作家、人民艺术家，新中国第一位获得"人民艺术家"称号的作家。代表作有小说《骆驼祥子》《四世同堂》，话剧《茶馆》《龙须沟》等。

**创作背景**

北京是老舍先生的故乡。本文创作于1951年，当时新中国成立不久，老舍先生从美国回到自己心心念念的故乡。看到新中国成立后的北京城，老舍先生用朴实无华的语言，描绘了过春节时的热闹景象，表达了对家乡风俗的热爱以及对国家新气象的歌颂。

**写作手法**

《北京的春节》中，老舍先生对北京的除夕夜进行了细节描写，徐徐展现出一副热闹非凡的北京民俗画卷。

首先，作者通过对新年里人们的活动描写，如制作年菜、穿新衣、贴对联、贴年画和游子匆匆赶路回家吃团圆饭等，呈现出了除夕的热闹，也表现出了人们在过节时的喜悦心情。

其次，作者从气味、画面和声音等角度，对新年场景进行细节描摹，如"酒肉的香味""红红的对联""各色的年画"等，这样的描写更立体且细腻可感。

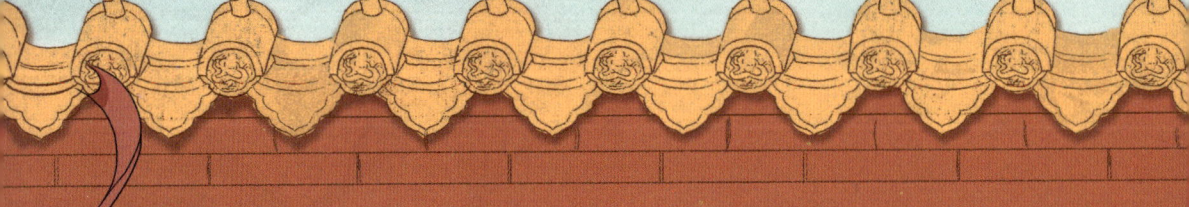

姓名：北京
地位：首都
美誉：中国历史文化古都、"双奥"之城
景点：长城、故宫、颐和园、天坛、鸟巢
美食：炸酱面、老北京爆肚、卤煮火烧、豌豆黄、北京烤鸭

## 故宫为什么又叫"紫禁城"？

故宫又叫紫禁城。故宫红墙黄瓦，为什么会叫"紫禁城"呢？我国古代，人们认为皇帝是上天之子，也就是天子。天上的天帝住的地方是天宫，也被称为"紫微宫"。这样说来，至高无上的天子——皇帝也应该住在相应的宫殿里，紫微便成为皇帝宫殿的别称。加之封建王朝的宫殿是禁止平民百姓进入的，因此称之为"紫禁城"。

## 北京名士多

北京作为中国历史悠久的文化古都之一，有着一众在各领域做出贡献的名人，例如，创作"四大名著"之一《红楼梦》的文学大家曹雪芹；开创"梅派"的京剧大家梅兰芳；当代"中国杂交水稻之父"袁隆平等。此外，还有梁实秋、史铁生、梁漱溟等，正是有了这些交相辉映的名人，北京这座城市至今熠熠生辉。

# 探寻北京文化

**曹氏风筝** 这项技艺源自曹雪芹,曹氏风筝用料讲究、做工细腻,富有动态感,最有代表性的曹氏风筝要数扎燕。

**京剧** 京剧被誉为中国的"国粹",是在汉调、秦腔和昆曲的基础上,融合了徽剧的表演方式和曲调风格形成的,至今有两百多年历史。

**景泰蓝制作技艺** 北京的景泰蓝制作技艺又称作铜胎掐丝珐琅,该技艺在明清时期达到成熟,也是我国首批国家级非物质文化遗产。

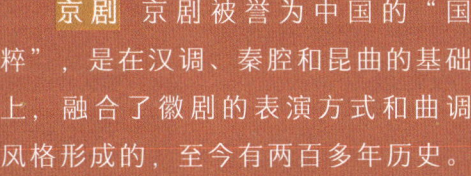

## 你知道吗?

### 豆汁味如泔水,还有人对它欲罢不能?

豆汁原本是绿豆制作粉条之后剩余的渣滓发酵而成的。灰绿色的豆汁闻起来像泔水一样,但却是京剧大师梅兰芳的"宠儿"!战争时,吃饭都成问题,身在上海的梅兰芳上哪儿去找豆汁呢?恰巧梅兰芳的弟子从北京去上海演出,得知梅兰芳的窘境,赶紧带去了豆汁,终于解了梅兰芳的"瘾"。

# 北京的景色

## 长城

长城是我国历史上著名的军事防御体系，多个朝代均有建造，现存多为明代长城。北京境内名气较大的是位于延庆区的八达岭长城。

## 故宫

又被称为紫禁城，始建于明朝永乐年间，是明清两代的皇宫，也是我国现存规模最大的古代宫殿建筑群。

## 颐和园

颐和园位于北京西北郊，是始建于清朝的皇家园林，乾隆皇帝亲自指导设计，后又由慈禧太后重修。

## 天坛

天坛始建于1420年，是明清两朝皇帝进行祭天、祈雨和祈谷等政治活动的地方。1860年、1900年，天坛先后两次被侵略者劫掠，如今改建为公园。

## 鸟巢

国家体育场场馆，因形状酷似鸟巢而得名。2008年北京奥运会的很多项目都是在这里进行的，如今鸟巢已经成为北京地标性建筑和奥运遗产。

# 北京的味道

炸酱面：北京人又称之为"锅挑儿"，是将煮熟的面条从锅中挑出之后，拌上配菜和炸酱食用的传统面食。

老北京爆肚：是北京等地的传统小吃，一般是将牛肚或者羊肚切成条状，再由开水烫熟，配以香菜、蒜末、酱豆腐汁等食用。

卤煮火烧：北京特色小吃，是把火烧与猪肠、猪肺等一起煮熟，佐以卤汁、炸豆腐片、酱豆腐汁等食用，卤煮火烧讲究的是透而不黏、烂而不糟，十分美味。

豌豆黄：豌豆黄是北京传统点心，主要由豌豆磨碎制成。品质上好的豌豆黄不仅色泽金黄，而且口感细腻、入口即化。

**北京烤鸭**：可以说是北京最具代表性的美食之一，它不仅香酥味美，含有丰富的营养物质，且制作工艺也十分讲究。

1. 将处理好的整只鸭子填入生姜、八角、桂皮、茴香、蜂蜜等香料，并用竹签把切口封好，放入冷水中大火煮五分钟；

2. 煮过的鸭子晾干后，将蜂蜜和酱油混合而成的调料涂抹到鸭子身上；

3. 用锡纸将涂好调料的鸭子裹住，烤一个半小时；

4. 鸭子烤熟以后，取下锡纸，切片装盘，可以配上面酱、葱丝和薄饼等食用。

# 济南
## 一城山色半城湖

位于黄河之南、大明湖畔的济南以泉而闻名,城内泉水众多,因此有"泉城"的美誉。济南是史前文化——龙山文化的发祥地之一,是国家历史文化名城。

下面让我们跟随老舍的脚步一起来济南逛一逛吧。

### 课本直播间

对于一个在北平住惯的人,像我,冬天要是不刮大风,便是奇迹;济南的冬天是没有风声的。对于一个刚由伦敦回来的,像我,冬天要能看得见日光,便是怪事;济南的冬天是响晴的。自然,在热带的地方,日光是永远那么毒,响亮的天气,反有点叫人害怕。可是,在北中国的冬天,而能有温晴的天气,济南真得算个宝地。

……

最妙的是下点小雪呀。看吧,山上的矮松越发的青黑,树尖上顶着一髻儿白花,好像日本看护妇。山尖全白了,给蓝天镶上一道银边。山坡上,有的地方雪厚点,有的地方草色还露着,这样,一道儿白,一道儿暗黄,给山们穿上一件带水纹的花衣;看着看着,这件花衣好像被风儿吹动,叫你希望看见一点更美的山的肌肤。等到快日落的时候,微黄的阳光斜射在山腰上,那点薄雪好像忽然害了羞,微微露出点粉色。就是下小雪吧,济南是受不住大雪的,那些小山太秀气!

——老舍《济南的冬天》(节选)

### 创作背景

老舍1930年前后来到山东,先后在济南齐鲁大学和青岛山东大学任教7年之久,对山东产生了深厚的感情,山东被称为他的"第二故乡"。该文是老舍1931年春天在济南齐鲁大学任教时写成的。

### 写作手法

《济南的冬天》中老舍运用了对比的写作手法。文章开头作者以自己的亲身感受,通过和北平、伦敦、热带的对比,写济南冬天无风声、无重雾、无毒日的"奇迹""怪事",突出它的温晴,赞誉济南是个"宝地"。

情景交融是本文写作的又一个特点。文章在描写济南的冬景时,处处流露出作者的赞美之情,大致有如下写法:

一是直接抒发感情。如开头写"对于一个在北平住惯的人""对于一个刚由伦敦回来的人"。通过对比,得出"济南真得算个宝地"的结论。

二是虚实结合,展开想象,抒发热爱之情。如"山尖全白了,给蓝天镶上一道银边"等,不但对景物进行描写,而且饱含喜爱的心情。

# 独特的名片

**姓名**：济南
**地位**：山东省会
**美誉**：天下泉城
**景点**：大明湖、趵突泉、千佛山、灵岩寺
**美食**：把子肉、甜沫、油旋儿

## 济南名士多

济南历史悠长，在数千年的历史绵延中，名人辈出，群星荟萃，"海右此亭古，济南名士多"是对济南名士多的真实写照。济南诞生了许多中国历史上的著名人物，像名君大舜，神医扁鹊，名臣晏婴，名将秦琼，名相房玄龄，词人李清照、辛弃疾，诗坛领袖王士禛等。

## "泉城"是这么来的

"泉城"是济南的别称，因为济南有包括"趵突泉""黑虎泉"等72处名泉。泉城的由来与济南的地理条件有关。济南地下是可溶性灰岩，在漫长地质变迁中，经过多次构造运动和长期溶蚀，形成了大量溶沟、溶孔、溶洞和地下暗河网。地下水凭着强大压力，沿地下连接地表的许多裂缝和通道，一股脑地涌出地面，于是就出现了天然涌泉。

# 探寻济南文化

**鼓子秧歌** 有一千多年的历史,是民间为庆祝丰收而载歌载舞的一种艺术形式。

**五音戏** 全国独有剧种,以唱腔优美动听、语言生动风趣、表演朴实细腻而著称。

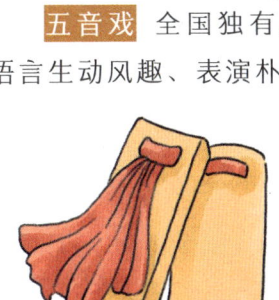

**山东快书** 又名竹板快书,演唱者一人手持竹板或铜板两块,以快节奏击板叙唱。

**明湖踩藕** 踩藕时,踩藕人身穿一件不透水的"连衣裤",用脚在水下探索找藕。

# 怪怪怪!济南八大怪!

在中国的各个地方,都少不了有个"几大怪"。同样,济南也有"怪",下面我们就说说济南的怪吧。

甜沫不甜;茶汤没茶;经纬方向颠倒;怪坡上下难辨;人人都是老师;济南城北门不开;三山不见、四门不对;大明湖蛙不鸣蛇不见,久雨不涨久旱不涸。你知道其中渊源吗?

## 你知道吗?

### 乾隆皇帝为何"路过济南而不入城"?

清朝的乾隆皇帝来过大明湖后御封此地"天下第一泉",你以为他喜欢济南,其实不然!乾隆对济南也是"十七年过恨未平",你知道为什么吗?

原来,乾隆皇帝一生的挚爱富察皇后是在济南城得的病,并很快被夺去生命。所以,乾隆皇帝才会对济南城心生怨恨,数十年不能原谅,以至于前后九次"路过济南而不入城"。

# 济南的景色

### 📍 大明湖
济南三大历史名胜之一，由济南众多泉水汇流而成。

### 📍 九如山瀑布群
济南七十二名泉的发源地之一。

### 📍 趵突泉
济南三大名胜之一，乾隆皇帝南巡时因趵突泉水泡茶味醇甘美，称趵突泉为"天下第一泉"。

### 📍 千佛山
因为古史称舜在历山耕田的缘故，又曾名舜山、舜耕山。隋唐时期因佛教盛行，随山势雕刻了数千佛像，故称千佛山。

### 📍 灵岩寺
中国"四大名刹"之一，电影《少林寺》的取景地，有被称为"海内第一名塑"的四十尊彩色泥塑罗汉像。

# 济南的味道

### 把子肉
济南传统鲁菜，用草绳捆扎五花肉，加以酱油炖煮而成。

### 甜沫
一种以小米面为主熬煮的咸粥，泉城二怪之一。

### 油旋儿
济南的传统特色名吃之一，是一种旋涡状油炸葱油小饼。

### 九转大肠
选用大肠的最尾段，外皮酥脆，内里软嫩，伴以浓稠的汤汁，兼有酸、甜、辣、咸等味。

### 坛子肉
猪肋条肉加入调味料，放在瓷坛中用小火煨煮而成。

### 炸莲瓣
一道以白莲花瓣为主料的济南时令小吃。将新鲜荷花瓣裹上豆沙馅后，再沾上面糊炸至金黄酥脆。老舍在《吃莲花的》一文中曾描述过这一美食，文中提到友人将他的白莲花瓣炸成美味佳肴，让他既惊讶又感慨。炸莲瓣外酥内软，甜中带香，是夏日消暑的美味佳肴。

1. 选择大明湖上采摘的白莲花，摘取内层花瓣，洗净；
2. 平铺在案板上，抹一层豆沙馅儿，对折；
3. 将折好的花瓣沾上用鸡蛋和面粉搅成的泡糊；
4. 置油锅中中炸至浅金色，捞出放在盘内，撒上些许白糖。

# 印度
## 色彩斑斓的神秘国度

印度位于南亚次大陆，古印度是四大文明古国之一，地域辽阔，历史悠久。

去印度旅游，泰姬陵是不可错过的一站。诗人泰戈尔称它为"永恒面颊上的一滴眼泪"，更为泰姬陵增添了几分唯美的色彩。

其实，泰戈尔在印度甚至全世界，都是一位家喻户晓的诗人。让我们一起来读读泰戈尔的诗吧。

### 课本直播间

当雷云在天上轰响，六月的阵雨落下的时候，湿润的东风走过荒野，在竹林中吹着口笛。

于是，一群一群的花从无人知道的地方突然跑出来，在绿草上跳舞、狂欢。

妈妈，我真的觉得那些花朵是在地下的学校里上学。

他们关了门做功课。如果他们想在放学以前出来游戏，他们的老师是要罚他们站墙角的。

雨一来，他们便放假了。

——［印度］泰戈尔《花的学校》（节选）

### 作者简介

泰戈尔，享誉世界的印度诗人、哲学家，1913年，他因《吉檀迦利》获得诺贝尔文学奖，成为第一位获得诺贝尔文学奖的亚洲人。代表作有《吉檀迦利》《新月集》《园丁集》《飞鸟集》等。

### 写作手法

《花的学校》这首诗，是泰戈尔以孩童的口吻来写作的，全篇大量运用了拟人的手法。所谓拟人，是指把非人类的事物当作人来写，赋予它们人的动作或思想感情，从而使文章更加生动形象。

"湿润的东风走过荒野，在竹林中吹着口笛"，这一句中，诗人赋予"东风"以人的特征。走过荒野、吹奏口笛，这些动作原本只有人会做，当行为的主人公变成"东风"时，更让我们感受到它的自由与灵动。

接着，作者又将花儿拟人化，花儿在雨后盛开的自然景象，被作者赋予了人的思想感情。花儿们"突然跑出来"，"在绿草上跳舞、狂欢"，让画面更具体可感。

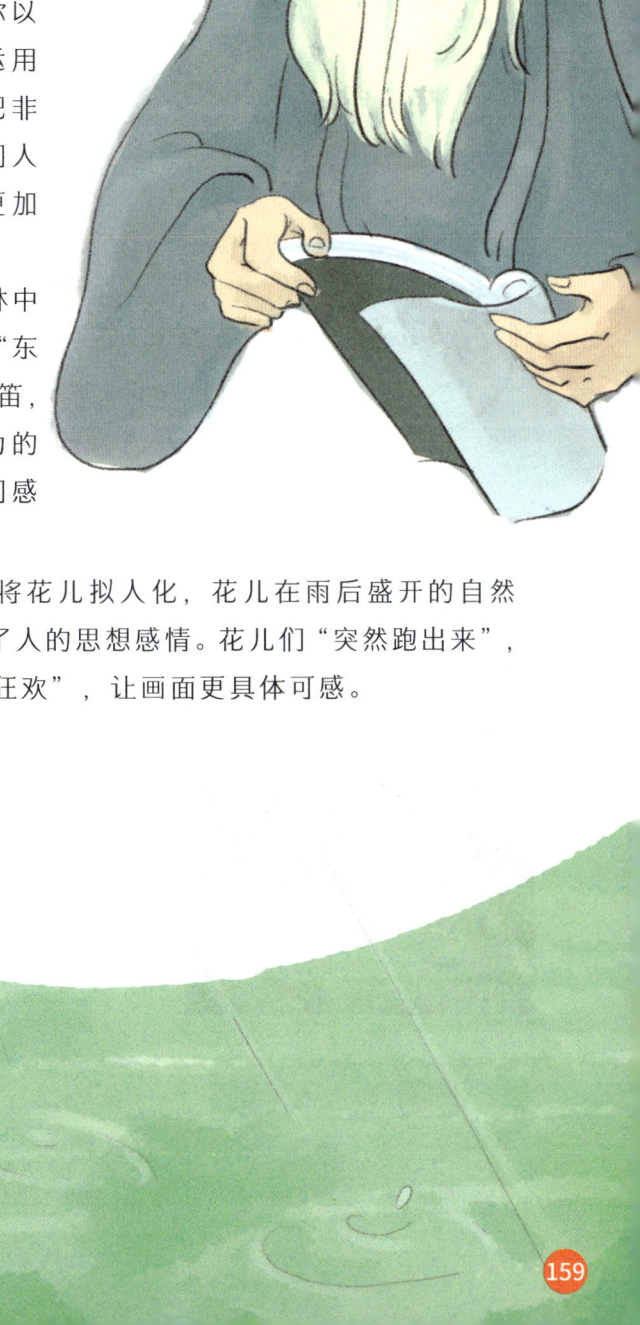

# 独特的名片

**姓名**：印度
**地位**：金砖国家成员，世界人口排名第二的国家
**美誉**：孔雀之国、月亮之国、瑜伽的发源地
**景点**：泰姬陵、德里红堡、莲花庙、斋浦尔城市皇宫
**美食**：印度手抓饭、波亚尼炖饭、玛莎拉奶茶、塔里

# 探寻印度文化

**宝莱坞** 印度最大的电影生产基地，位于印度孟买。"宝莱坞"的名字来源于"孟买（Bombay）"和"好莱坞（Hollywood）"的结合。宝莱坞电影以其华丽的歌舞场景与丰富多彩的剧情而闻名。

**霍利节** 又名洒红节，一般在每年的2月至3月之间。在洒红节期间，人们为了表示喜庆和祝福，会互相往身上泼洒五颜六色的颜料。夜晚，人们燃起篝火，载歌载舞，尽情娱乐。

**排灯节** 印度教的重大节日之一，通常在每年10到11月间，持续五天。节日期间，每家每户都会点燃一排排油灯，祈祷财富女神希拉什米的降临。

**纱丽** 印度女性的一种传统服饰，是一块长4到9米，宽1米以上的布料，质地大多轻薄柔软，上有刺绣，穿着时以披裹的方式缠绕在身上。

# 为什么印度菜那么"重口味"

印度菜通常味道浓郁,而且喜欢使用各种香料。为什么印度菜中会加入那么多香料呢?

首先是因为印度本身就是香料大国,香料品种丰富,价格也不贵;其次,由于印度气候炎热,很容易让人没什么胃口。香料能为食物带来浓郁的香气,起到促进食欲的作用。

同时,炎热的天气容易导致食物变质,香料中的一些成分也具有杀菌作用。将香料和食材高温炖煮,可以延长食物的保质期,一定程度上防止食物腐败。

## 你知道吗?

### 印度牛的地位

牛在印度的地位很高,原因主要有两点:

其一,在农业社会,牛的重要性毋庸置疑。它不仅能够犁地耕种,它提供的牛奶也是营养丰富的食物。

其二,牛在印度教中也有很高的地位,被认为是印度教主神之一湿婆的坐骑,于是印度教徒也把牛奉为神明。

但印度是个多民族、多宗教的国家,虽然印度教徒普遍不吃牛肉,但其他的穆斯林、基督徒等并没有"不吃牛肉"的禁忌。

总体来看,在南印度,饮食以素食为主,牛肉比较罕见,但在北印度的一些地区,吃牛肉较为普遍。

# 印度的景色

### 📍 泰姬陵

全称"泰姬·玛哈尔陵",位于印度阿格拉城内,是印度莫卧儿王朝皇帝沙贾汗为纪念他已故妻子泰姬·玛哈尔而建立的陵墓。整座泰姬陵由纯白色大理石建成,并镶嵌无数精美宝石,有"完美建筑""印度明珠"的美誉。

### 📍 德里红堡

位于印度德里,紧邻亚穆纳河,是印度莫卧儿王朝的皇宫,同样是由沙贾汗主持修建,因为整座建筑主体呈红褐色而得名"红堡"。

### 📍 莲花庙

位于印度新德里东南部,于1986年建成。莲花庙的外形酷似一朵盛开的雪白莲花,圣洁而美丽;它的内部结构也十分简单,只有一座高大空旷的圣殿,内部放着一排排大理石长椅,供人们静心祈祷。

### 📍 斋浦尔城市皇宫

位于印度北部城市斋浦尔的旧城中心,于1728年兴建,是印度保存最为完好的古迹之一。城市皇宫由多个宫殿组成,拥有装饰精美的庭院、花园、寺庙和大厅等。

# 印度的味道

印度手抓饭:"手抓饭"实际上是印度人的一种传统就餐习惯,他们认为,用手直接抓起食物,能提前感受到食物的温度,避免烫伤。另外,印度人吃手抓饭一定要用右手,因为他们认为右手代表洁净。

波亚尼炖饭:印度的一种特色米饭料理,起源于莫卧儿人,通常由长米搭配羊肉、鸡肉、牛肉或蔬菜炖制而成,口感湿润。其中以海德拉巴波亚尼炖饭最为著名,另外,也有纯素的波亚尼炖饭。

玛莎拉奶茶:是印度街头巷尾最常见的饮料之一,通常由牛奶、茶叶、糖以及各种香料煮制而成("玛莎拉"直译过来的意思就是"香料的混合物")。玛莎拉奶茶具有独特且浓郁的香气,混合了茶香、奶香、糖香和各种香辛料的气味,令人一喝难忘。

塔里:印度的一种传统套餐。在一个浅口的大圆盘里放置各式各样的小碗,碗中包括米饭、面饼、酸奶、咖喱、蔬菜、薄脆饼和甜点等。在印度的不同地区,塔里餐的搭配风格也有所不同。

# 丹麦
## 自行车上的童话王国

丹麦位于欧洲北部，正式名称是"丹麦王国"，本土由406个大小岛屿组成。此外，丹麦还拥有两个海外属地——世界上最大的岛屿格陵兰岛，以及位于北大西洋的法罗群岛。

由于著名作家安徒生是丹麦人，并在此创作了许多经典的童话故事，丹麦也被称为"童话的国度"。

接下来，我们就一起来读读安徒生最脍炙人口的作品之———"美人鱼"的故事吧。

在海的远处，水是那么蓝，像最美丽的矢车菊花瓣；又是那么清，像最明亮的玻璃。同时它又是那么深，深得任何铁锚都达不到底。要想从海底一直达到水面，必须把许多许多教堂的尖塔一个一个地叠起来才成。海底的人就住在这下面。

——[丹麦]安徒生《海的女儿》（节选）

### 作者简介

安徒生，19世纪丹麦著名童话作家，被誉为"世界儿童文学的太阳"。代表作有《拇指姑娘》《卖火柴的小女孩》《丑小鸭》《皇帝的新装》《海的女儿》等。

### 写作手法

在《海的女儿》选段的开篇中，安徒生连续用了比喻手法，绘制出一幅深邃幽远的美丽画面，让我们紧紧跟随着他的文字，就能幻想出那个奇妙而神秘的海底世界。

用"最美丽的矢车菊花瓣"来比喻海水有多蓝；用"最明亮的玻璃"来描绘海水的清澈程度；用"任何铁锚都达不到底"，形容海下世界的深度。

以上这三处视角，都是站在岸上往海底看的感受。

接着，作者又切换了视角，把我们带到那幽深的海底。从海底的视角来看，要想从海底达到地面，"必须把许多许多教堂的尖塔一个一个地叠起来才成"。我们知道教堂的尖顶是很高很高的，这样的描写不仅表现了海底之深，还为之后小美人鱼尝试去往地面时所面临的困难埋下了伏笔。

## 独特的名片

姓名：丹麦
地位：欧盟成员国、曾经的海上霸主
美誉：童话王国、世界最幸福的国家之一
景点：新港、阿美琳堡宫、安徒生博物馆、弗雷登斯堡宫
美食：开放式三明治、丹麦热狗、丹麦酥、丹麦肉丸

## 丹麦与乐高

乐高集团是世界上最著名的玩具公司之一，总部位于丹麦比隆。乐高公司的主要产品是一种可以拼插的塑料积木，这些积木看似简单，却能够搭配出无穷无尽的玩法。

全世界第一家"乐高乐园"也位于比隆，始建于1968年。在整座游乐园里，小到人物、动物、汽车、船舶，大到高楼、大厦、宫殿、教堂等，都由一块块乐高积木拼成，十分有趣。

# 探寻丹麦文化

**丹麦王室** 丹麦是世界上最古老且未曾中断的君主国之一，王室的主要居所是阿美琳堡王宫。和英国的白金汉宫类似，游客也可以在阿美琳堡宫观看卫兵的换岗仪式。

**圣诞树** 丹麦是圣诞树的生产和出口大国，每年出口约1000万棵圣诞树。诺德曼冷杉是丹麦最受欢迎的圣诞树品种之一。

**仲夏日除夕** 仲夏日除夕通常在6月23日庆祝。丹麦民间信仰认为，在仲夏日除夕夜，邪恶力量会变得活跃，巫婆会骑着扫帚漫天飞舞。于是这一天夜里，丹麦人便会点上篝火，把用麦穗、干草和旧衣服做成的"巫婆"放在篝火上烧掉。

**幸福指数** 2012年联合国首次发布"全球幸福指数"报告时，丹麦便位列第一，成为当年的"全球最幸福国度"。时至今日，丹麦一直保持在"全球最幸福国度"前五名的位置。

## 你知道吗？

### 为什么丹麦人那么爱骑自行车？

在丹麦，自行车是主要的交通工具之一。据统计，每十个丹麦人里，就有九个人拥有自行车。而在丹麦首都哥本哈根，自行车的数量比市民人数还要多。骑自行车，已经成为丹麦人的一种生活方式。

这首先是因为丹麦地势大多平坦，很方便骑车出行。同时，丹麦也在努力把自己打造成一个"自行车友好"的国度。

丹麦拥有长达1.2万千米的自行车道，为了方便市民骑行，还设计了许多贴心的小细节。比如有些垃圾桶被设计成开口倾斜45°朝向路边，以方便骑行者丢垃圾；丹麦的地铁、火车、轮渡等公共交通工具也允许携带自行车，从而使长距离骑行更为便捷。

# 丹麦的景色

### 📍 阿美琳堡宫

位于哥本哈根市区东部，是丹麦王室的主要居所。阿美琳堡宫始建于1754年，由四座相互对称的宫殿组成，宫殿中央是一个八边形广场，广场中央矗立着阿美琳堡宫的最初规划者——国王腓特烈五世的骑马铜像。

### 📍 安徒生博物馆

位于丹麦菲英岛中部的奥登塞市区，最早开放于1908年，是世界上最古老的作家博物馆之一。博物馆共有18间陈列室，展出了大量安徒生的作品手稿、来往信件等，还有被翻译成各国语言的《安徒生童话》。

### 📍 弗雷登斯堡宫

位于丹麦埃斯鲁姆湖东岸，它的名字直译过来是"和平宫"，又被誉为"丹麦的凡尔赛宫"。弗雷登斯堡宫保留了18世纪最典型的丹麦建筑风格，经常用于举办丹麦王室的重要活动。

### 📍 新港

位于丹麦首都哥本哈根市中心，是一条修建于300多年前的人工运河，运河两岸色彩鲜艳的老屋（建造于17、18世纪）、停靠在新港两岸的各种木船，让新港成了哥本哈根最具标志性的景点之一。

# 丹麦的味道

### 开放式三明治

与普通三明治使用两片面包不同,丹麦人的三明治是用一片面包做成的。开放式三明治以一块偏硬的黑麦面包作底,上面堆满各种食材,比如火腿、鲑鱼片、虾仁、鱼子酱、蔬菜等,最后再浇上特制酱料,吃的时候需要使用刀叉切块。

### 丹麦热狗

热狗可以说是丹麦的"国民小吃",热狗餐车在丹麦街头随处可见。经典的丹麦热狗通常会搭配一根长长的红色香肠,还有许多配料和酱汁可选。

### 丹麦酥

丹麦酥不是一种糕点的名字,而是对丹麦一切酥皮糕点的统称。传统的丹麦酥是用面粉混合牛奶再加入大量黄油和鸡蛋制成,表面装饰以水果、果酱、奶油、巧克力、坚果等,吃起来甜而不腻,松脆可口。

### 丹麦肉丸

用猪肉、面粉为原料煎炸而成,口感软糯鲜美,通常搭配土豆泥或煮蔬菜一起食用,美味的特色酱汁则是这道菜的灵魂。

# 英国
## 大不列颠岛上的璀璨明珠

英国位于欧洲大陆的西北部，全称是"大不列颠及北爱尔兰联合王国"，由大不列颠岛上的英格兰、苏格兰、威尔士，以及爱尔兰岛东北部的北爱尔兰这四个部分组成。

在许许多多的英国美景中，坐落在乡野之间的英式花园往往被视作古典与浪漫的代名词。

在作家王尔德的童话里，也有这么一座虚构但美丽的花园，我们一起来看看。

课本直播间

这是一个很可爱的大花园。园里长满了柔嫩的青草，草丛中到处露出星星似的美丽花朵。还有十二棵桃树，春天开出淡红色和珍珠色的鲜花，秋天结出丰硕果子。小鸟们在树上唱着悦耳的歌，歌声是那么动听，孩子们都停止了游戏来听他们唱歌。"我们在这儿多么快乐！"孩子们欢叫着。
……

春天来了，乡下到处开着小花，到处有小鸟歌唱。单单在巨人的花园里，仍旧是冬天的景象。小鸟不肯在他的花园里唱歌，因为那里没有孩子们的踪迹；桃树也忘了开花；偶尔有一朵美丽的花从草丛中伸出头来，可是一看见那块布告牌，就马上缩回到地里睡觉去了。高兴的只有雪和霜两位。他们嚷道："春天把这个花园忘记了，我们一年到头都可以住在这儿啦！"

——［英］王尔德《巨人的花园》（节选）

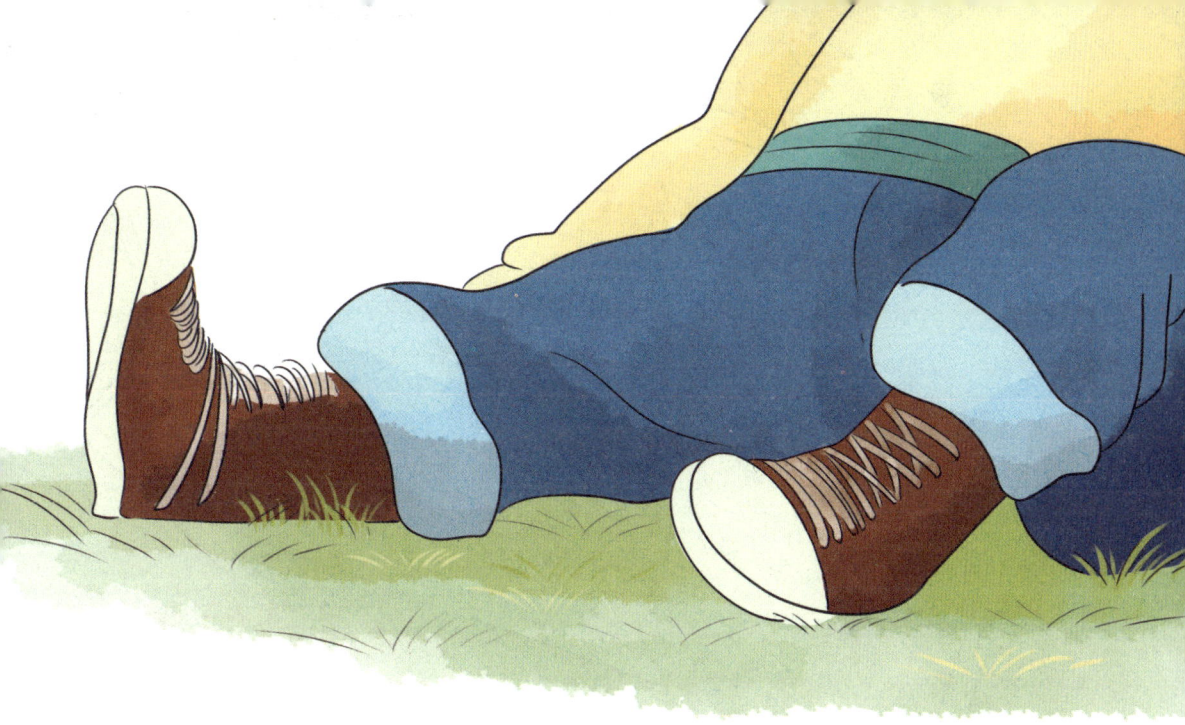

### 作者简介

奥斯卡·王尔德，19世纪英国最伟大的作家与艺术家之一，唯美主义的代表人物。他的代表作包括小说《道林·格雷的画像》，童话集《快乐王子故事集》《石榴之家》等，他还以许多机智幽默的俏皮话而闻名。

### 写作手法

在《巨人的花园》里，王尔德运用对比的手法，凸显出花园景色的变化，以及巨人前后态度的转变。

当孩子们自由地在巨人的花园中玩耍时，花园也显得很可爱，园里长满了柔嫩的青草，草丛中到处露出星星似的美丽花朵，还有小鸟们唱着悦耳的歌。

可是当巨人在花园四周砌了一堵高墙后，孩子们就没法进入花园里玩了。春天来了，乡下到处开着小花，但巨人的花园里仍旧是一幅冬天的景象：把现在的冷清与曾经的热闹作对比。

对比手法在写作中能够鲜明地突出事物之间的差异，增强文章的表现力和感染力。通过对比，可以更好地揭示主题，深化读者对内容的理解，同时使文章结构更加紧凑，情节更加跌宕起伏。你学会了吗？

## 独特的名片

姓名：英国
地位：世界上最具影响力的国家之一、联合国安理会常任理事国
美誉：日不落帝国、绅士的国度、现代工业革命的摇篮
景点：白金汉宫、泰晤士河、伦敦塔桥、大本钟、圣保罗大教堂、巨石阵
美食：炸鱼薯条、英式早餐、英式下午茶、牧羊人派、约克郡布丁

## 探寻英国文化

**英国王室** 作为世界上第一个君主立宪制国家，英国至今保留着王室传统。但英国国王只是名义上的国家元首，真正掌握实权的人是首相。英国王室不干预政治，只作为国家凝聚力的重要象征发挥作用。

**红色信箱** 在经典的英国街景中，常常出现红色的电话亭与红色的皇家邮政信箱。红色不仅醒目，而且美观，如今这抹红色已经逐渐成为英国文化的象征。

**伦敦时装周** 全球四大时装周之一，每年在伦敦举办两次，分别展示春夏和秋冬两季的最新时尚趋势。

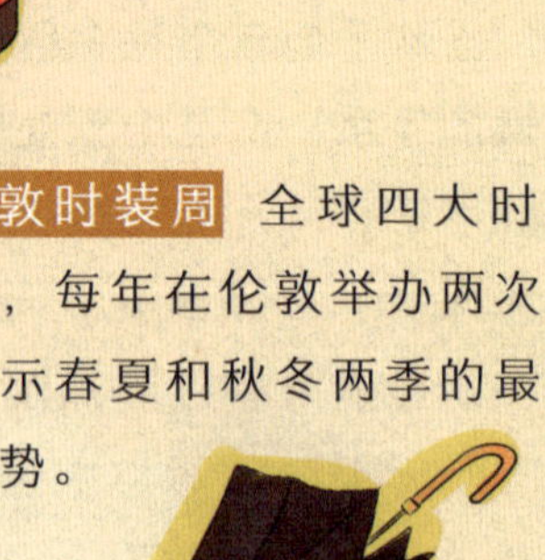

**天气文化** 因为英国特殊的地理位置，导致气候变化无常，许多英国人出门都会带一把雨伞。他们打招呼时常常会问"天气如何"，约略等于中国人寒暄时问"吃过了吗"。

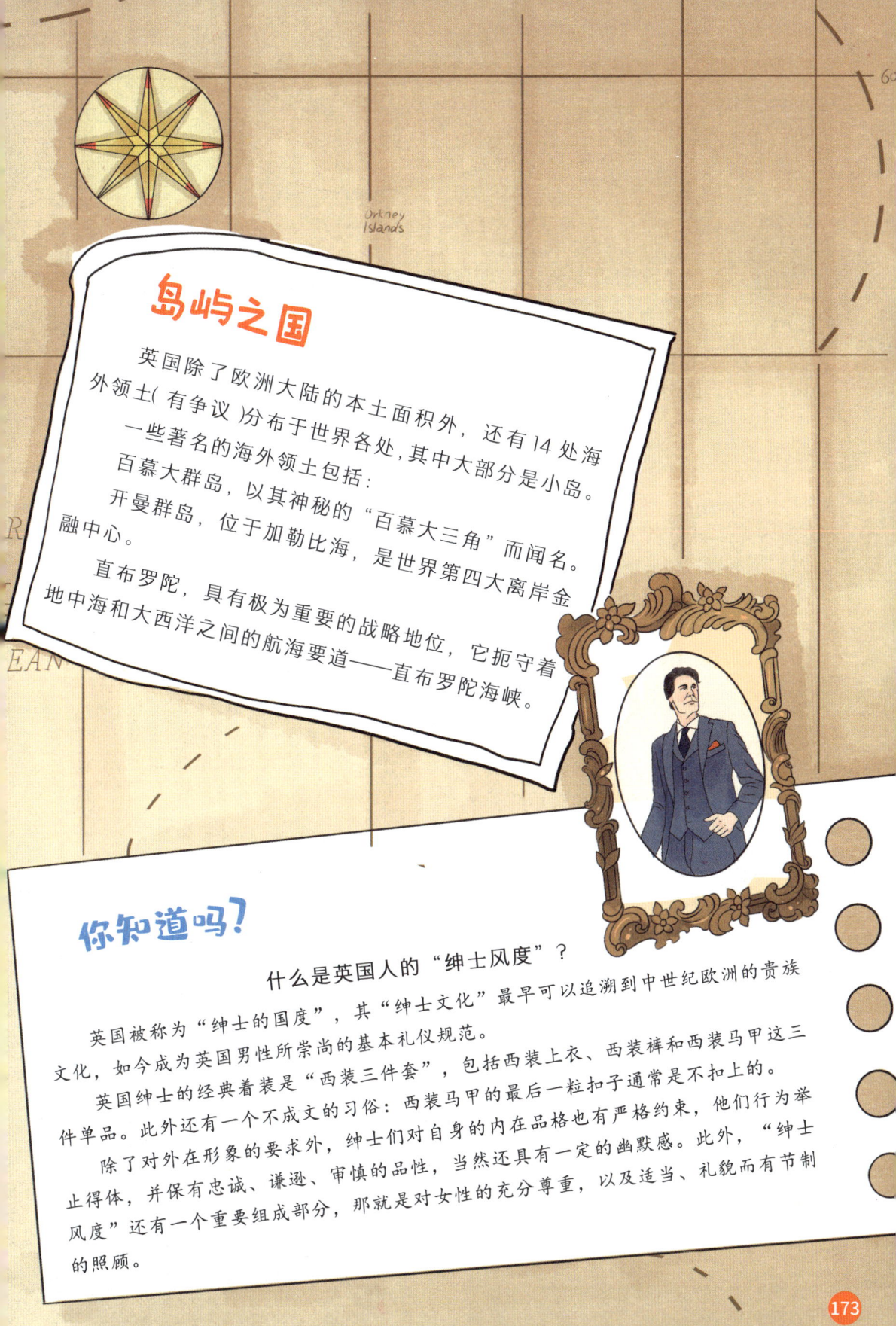

## 岛屿之国

英国除了欧洲大陆的本土面积外,还有14处海外领土(有争议)分布于世界各处,其中大部分是小岛。

一些著名的海外领土包括:

百慕大群岛,以其神秘的"百慕大三角"而闻名。

开曼群岛,位于加勒比海,是世界第四大离岸金融中心。

直布罗陀,具有极为重要的战略地位,它扼守着地中海和大西洋之间的航海要道——直布罗陀海峡。

## 你知道吗?

### 什么是英国人的"绅士风度"?

英国被称为"绅士的国度",其"绅士文化"最早可以追溯到中世纪欧洲的贵族文化,如今成为英国男性所崇尚的基本礼仪规范。

英国绅士的经典着装是"西装三件套",包括西装上衣、西装裤和西装马甲这三件单品。此外还有一个不成文的习俗:西装马甲的最后一粒扣子通常是不扣上的。

除了对外在形象的要求外,绅士们对自身的内在品格也有严格约束,他们行为举止得体,并保有忠诚、谦逊、审慎的品性,当然还具有一定的幽默感。此外,"绅士风度"还有一个重要组成部分,那就是对女性的充分尊重,以及适当、礼貌而有节制的照顾。

# 英国的景色

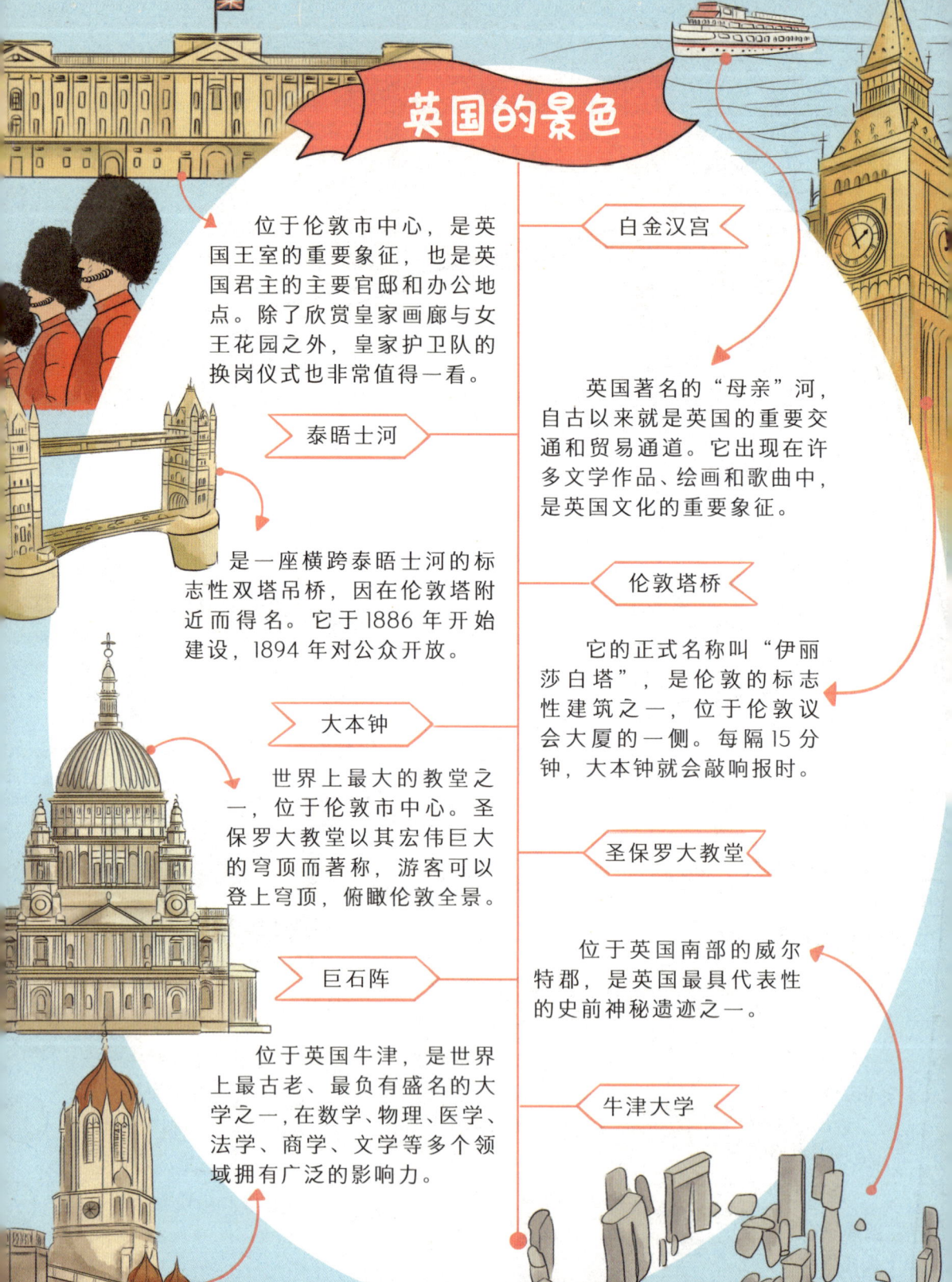

**白金汉宫**
位于伦敦市中心,是英国王室的重要象征,也是英国君主的主要官邸和办公地点。除了欣赏皇家画廊与女王花园之外,皇家护卫队的换岗仪式也非常值得一看。

**泰晤士河**
英国著名的"母亲"河,自古以来就是英国的重要交通和贸易通道。它出现在许多文学作品、绘画和歌曲中,是英国文化的重要象征。

**伦敦塔桥**
是一座横跨泰晤士河的标志性双塔吊桥,因在伦敦塔附近而得名。它于1886年开始建设,1894年对公众开放。

**大本钟**
它的正式名称叫"伊丽莎白塔",是伦敦的标志性建筑之一,位于伦敦议会大厦的一侧。每隔15分钟,大本钟就会敲响报时。

**圣保罗大教堂**
世界上最大的教堂之一,位于伦敦市中心。圣保罗大教堂以其宏伟巨大的穹顶而著称,游客可以登上穹顶,俯瞰伦敦全景。

**巨石阵**
位于英国南部的威尔特郡,是英国最具代表性的史前神秘遗迹之一。

**牛津大学**
位于英国牛津,是世界上最古老、最负有盛名的大学之一,在数学、物理、医学、法学、商学、文学等多个领域拥有广泛的影响力。

# 英国的味道

**炸鱼薯条**：英国最经典的快餐食物，通常选用鳕鱼裹上面糊油炸，搭配金黄酥脆的炸薯条，吃的时候配上不同口味的调味酱。

**英式早餐**：是一种丰盛的早餐组合，通常包括煎蛋、培根、香肠、烤土豆、炸番茄、蘑菇、吐司，以及黑布丁（血肠）等等。

**英式下午茶**：传统的英式下午茶除了一壶好茶（如大吉岭红茶或伯爵茶）之外，还包括精致的下午茶点心，一般分为三层，从下到上分别是各种口味的三明治、英国传统点心松饼，以及小蛋糕和水果塔。

**约克郡布丁**：它的名字虽然叫作"布丁"，但口感类似于软面包，略带咸味，呈咖啡杯形状，中间凹陷的部分绵软，外围则香脆。通常作为烤牛肉的配菜。

**牧羊人派**：一道传统的英国家常菜，将羊肉剁碎后，加入洋葱、胡萝卜和豌豆等，用肉汁调味后，在上面覆盖一层厚厚的土豆泥，再烤至金黄。

# 希腊
## 西方文明的摇篮

　　希腊位于欧洲的东南部,巴尔干半岛的最南端,是现代欧洲文明的发源地,有着深厚的历史底蕴。

　　流传至今的希腊神话,便是古希腊赠予人类的思想瑰宝之一。

　　我们现在看西方的壁画、雕塑,乃至很多戏剧作品,其中有很多典故就是出自希腊神话。今天,我们就来读一个源自古希腊神话中的故事——《普罗米修斯》。

## 课本直播间

有一天,当阿波罗驾着太阳车从天空驰过的时候,普罗米修斯跑到太阳车那里,从喷射着火焰的车轮上,拿取了一颗火星,带到人间。自从有了火,人们就开始用它烧熟食物,驱寒取暖,并用火来驱赶危害人类安全的猛兽……

得知普罗米修斯从天上取走火种的消息,众神的领袖宙斯气急败坏,决定给普罗米修斯以最严厉的惩罚。

——《普罗米修斯》(节选)

### 写作手法

怎样讲好一个故事?《普罗米修斯》给我们做了一个示范。故事通过讲述普罗米修斯"盗取"火种的起因、经过、结果,展现了普罗米修斯勇敢善良、不畏强权的高大形象。

选段部分节选了普罗米修斯"盗取"火种的经过。

普罗米修斯要为人类取得火种,他是怎么做的?他"跑到太阳车那里",从"喷射着火焰的车轮上","拿取了一颗火星"。在这里,作者没有直说普罗米修斯做这件事情的难度,但通过他的动作,读者也能想象到这件事的困难程度。

这颗火种是怎样造福人类的呢?文章中提到,人类获得了火种之后,就可以用火来烧熟食物、驱寒取暖、驱赶野兽等等。这些都是很重要的贡献。

而普罗米修斯盗走火种的后果很快也出现了:众神的领袖宙斯非常生气,"决定给普罗米修斯以最严厉的惩罚"。我们不禁为普罗米修斯担忧,接下来会发生什么?好的故事就是这么一环扣一环,始终能勾起读者的期待。

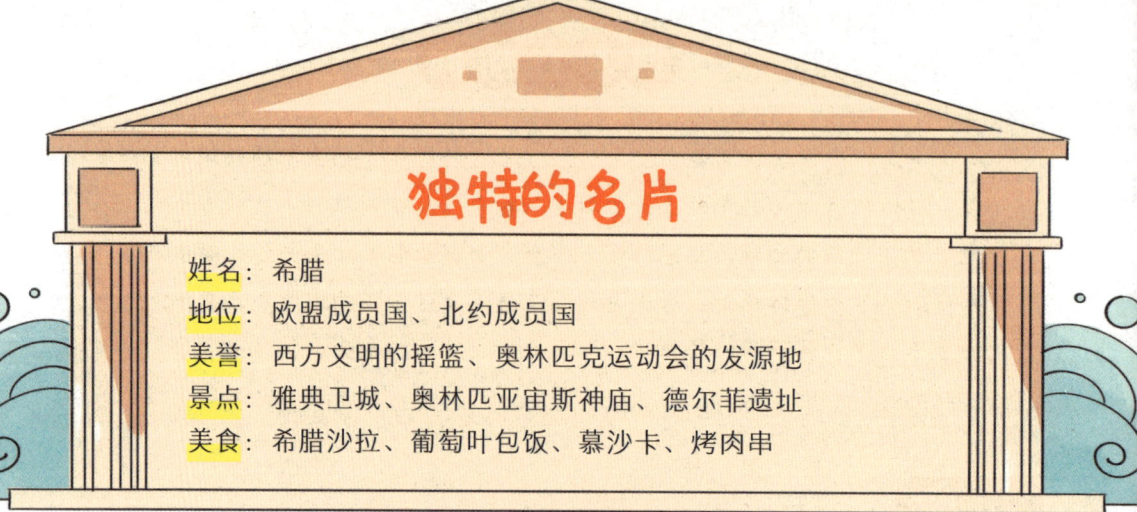

## 独特的名片

姓名：希腊
地位：欧盟成员国、北约成员国
美誉：西方文明的摇篮、奥林匹克运动会的发源地
景点：雅典卫城、奥林匹亚宙斯神庙、德尔菲遗址
美食：希腊沙拉、葡萄叶包饭、慕沙卡、烤肉串

## 探寻希腊文化

**西方哲学的诞生地** 古希腊诞生了一系列著名的哲学家和学派，他们的思想和著作为其后的西方哲学发展奠定了基础。

**希腊神话** 古代希腊关于神和英雄的传说与故事，是古希腊戏剧和艺术作品的重要题材，并对后来的欧洲文艺的发展产生了极为深远的影响。

**橄榄油与葡萄酒** 希腊是世界最著名的橄榄油产地之一，希腊料理的一大特色是使用大量的橄榄油。希腊也是欧洲最早酿造葡萄酒的国家之一，葡萄酒已成为希腊人生活中不可缺少的饮品。

**民主制度的发源地** "民主"这个词来源于希腊文。在公元前五世纪，希腊的一些城邦（主要是雅典）开始设立民主制度。当然，现代的民主与雅典式民主已有很大的不同。

# 奥林匹克运动会

奥林匹克运动会起源于古希腊,最早于公元前776年在希腊伯罗奔尼撒半岛西部的奥林匹亚竞技场举行。

公元前5世纪,希腊各个城邦之间达成协议,决定每隔四年就举行一次竞技大会。所有希腊公民都可以参赛。奥运会冠军可以获得一束橄榄枝,并戴上月桂树枝编成的桂冠。

从公元前776年起,古代奥运会一共举行了两百多次,直到公元393年被罗马皇帝强行取缔。

1896年,第一届现代奥林匹克运动会在希腊首都雅典举行,一直延续至今日。

如今,每一届奥运会举办前,都要在希腊的古奥林匹亚遗址举行圣火火种采集仪式,采集到的火种会以火炬接力的形式,传递到奥运会主办城市。

## 你知道吗?

### 雅典城的名字来源于智慧女神

据希腊神话记载,雅典城的原名叫科克罗比亚。奥林匹斯山的众神无意间发现了这座美丽的城市,海神波塞冬和智慧女神雅典娜都想成为这座城市的守护神。

波塞冬与雅典娜互不相让,一直争执到众神之王宙斯面前。宙斯便让他们各自送给这座城市的市民一件礼物,让人民自己来挑选由谁来做他们的守护神。

波塞冬送给人们一匹战马,而雅典娜的礼物则是一棵果实累累的橄榄树。

在古希腊人的心目中,橄榄树是和平的象征。于是人们选择雅典娜作为守护神,并将这座城市命名为雅典,希望和平能在这座城市中永存。

# 希腊的景色

### 📍 雅典卫城

位于希腊首都雅典。卫城在希腊语中的意思是"高山上的城邦",在古代担当着防卫要塞的责任。卫城山顶建有许多神庙,现存的著名神庙有帕特农神庙、雅典娜神庙、伊瑞克提翁神庙等。

### 📍 奥林匹亚宙斯神庙

位于雅典卫城的东南方向,是希腊最大的科林斯式神庙建筑。神庙原有104根巨大的科林斯石柱,历经两千多年沧桑,现仅存有15根科林斯巨柱顽强伫立。

### 📍 德尔菲遗址

古希腊最重要的宗教中心之一,标志性景点包括阿波罗神庙、雅典娜女神庙、竞技场等。相传阿波罗神庙入口镌刻着三句著名的箴言:"认识你自己""凡事勿过度""妄立誓则祸近"。

# 希腊的味道

## 希腊沙拉

把番茄、黄瓜、生菜、洋葱以及橄榄等切碎，铺上雪白的山羊奶酪，吃的时候在上面淋上橄榄油和柠檬汁，就是一道经典的希腊沙拉。

## 葡萄叶包饭

类似于希腊版"粽子"，把米饭和切碎的青椒、西红柿等蔬菜混合，加上橄榄油和香料搅拌均匀，作为内馅包裹在葡萄叶中，煮熟后搭配柠檬酱或酸奶食用。葡萄叶可以一起吃掉！

## 慕沙卡

希腊版"茄子肉酱千层派"，用肉馅、马铃薯和茄子等食材一层层堆叠而成，顶层再铺上一层厚厚的贝夏梅尔酱和奶酪，放入烤箱中烘烤。吃起来风味浓郁，口感丰富。

## 烤肉串

一道颇受欢迎的街头小吃，将猪肉、鸡肉或羊肉用橄榄油、柠檬汁和香草腌制后穿起来，在火上烤至外焦里嫩。经典吃法是搭配皮塔饼、新鲜蔬菜和酸奶、黄瓜酱一起吃。

# 日本
## 浪漫唯美的樱花之国

日本位于亚洲东部，由日本列岛和周边数千个岛屿组成。

日本国土面积狭小，人口众多，资源匮乏，自然灾害频发，但由此也诞生了独特的日式美学。日式美学有其清雅、禅意的那一面，亦接受短暂、含蓄、不完美之美。

我们一起来看看日本作家清少纳言是怎样感受"四季之美"的吧。

### 课本直播间

春天最美是黎明。东方一点儿一点儿泛着鱼肚色的天空，染上微微的红晕，飘着红紫红紫的彩云。

夏天最美是夜晚。明亮的月夜固然美，漆黑漆黑的暗夜，也有无数的萤火虫翩翩飞舞。即使是蒙蒙细雨的夜晚，也有一只两只萤火虫，闪着朦胧的微光在飞行，这情景着实迷人。

——［日］清少纳言《四季之美》（节选）

### 作者简介

清少纳言：日本平安时期著名的女作家。清是姓，少纳言是她在宫中的官职。清少纳言与紫式部、和泉式部并称"平安时期的三大才女"，代表作是随笔集《枕草子》。

**写作手法**

在《四季之美》选段中,作者用细致的笔触描写出不同时间、不同景物的动态变化,展现出一种动态之美。

在描写春天的黎明时,作者使用了"鱼肚色""红晕""红紫红紫"等色彩词汇,写出了黎明时分天空色彩的渐变过程,使读者仿佛身临其境。

而在对夏天夜晚的描写中,作者写到"明亮的月夜""漆黑漆黑的暗夜",甚至"蒙蒙细雨的夜晚",都是美的,她用萤火虫飞行的动态之美,展现了夏夜的迷人与浪漫。

## 独特的名片

姓名：日本
地位：亚洲第一个发达国家、世界第四大经济体（2024年数据）
美誉：日出之国、樱花之国、动漫王国
景点：富士山、东京塔、浅草寺、奈良公园
美食：天妇罗、寿司、鳗鱼饭、日式拉面

## 探寻日本文化

花火大会 "花火"在日语中是"烟花"的意思。花火大会通常在夏季举办，大大小小加起来有1000多场，其中最负盛名的是"日本三大花火大会"。在花火大会上，人们穿着浴衣（一种轻便的夏季和服），参加各种摊位活动，尽情享受夏日的盛典。

花见 又称赏花，是日本的一种传统习俗。起初"花见"一词多指观赏梅花，现在多指观赏樱花。每年春季，日本各地的樱花竞相开放，人们会邀上三五好友，来到盛开的樱花树下宴饮庆祝。

茶道 最早源自中国，后来逐渐演变成一种复杂的仪式和文化活动。日本茶道并不单纯为了喝茶，而是有一整套繁杂严谨的礼仪。

**日本动漫** 日本的动漫作品种类繁多，涵盖了各种题材和风格，在全球范围内具有广泛的影响力，著名的动漫作品包括《火影忍者》《名侦探柯南》《哆啦A梦》等。

# 日本的"县"比"市"大

日本的行政区划由"一都、一道、二府、四十三县"组成，"一都"指东京都，"一道"指北海道，"二府"指的是京都府和大阪府，而"四十三县"里的"县"，其实相当于中国的"省"。

比如说著名的奈良公园就位于日本奈良县下辖的奈良市；又比如，神奈川县下辖有横滨市、川崎市等19个市。

至于"省"这个字，在日本通常被用在中央政府部门上，比如外务省、防务省，类似于中国的外交部和国防部。

## 你知道吗？

### 什么是日本人的"读空气"？

日语中的"读空气"，其实和我们常说的"察言观色"有点像，指人们在社交和工作场合中，根据现场的气氛或者情况进行推测观察，从而调整自己的行为。

日本人很注重"和谐"，为了避免产生矛盾，他们在很多时候不会直接表达负面感受，而是通过很含蓄委婉的方式表达。

所以在和日本人打交道的时候，除了听他们说什么之外，也要注意观察对方的面部表情、肢体语言和语气等，才更有可能读懂对方的真实意思。

# 日本的景色

### 富士山

位于日本本州岛东南部，距离东京约80千米。富士山是日本最高的山峰，高达3776米，山顶常年积雪。但富士山其实是一座活火山，自日本有文字记载以来，一共喷发过18次，最后一次喷发是在1707年，随后进入休眠状态。

### 东京塔

位于日本东京市中心的一座铁塔，建造灵感源于法国的埃菲尔铁塔，于1958年建成，高332.6米。塔身被涂成橙黄色和乳白色，鲜艳夺目。铁塔上还有两个瞭望台，高度分别是150米和249.9米。

### 浅草寺

位于日本东京，建于公元628年，是东京最古老的寺庙之一。浅草寺的正门入口有一盏巨大的红色灯笼，上面写着大大的"雷门"二字。浅草寺以祈福灵验闻名，每年都吸引了成千上万的游客前往。

### 奈良公园

位于日本奈良县。公园内有东大寺、春日大社等名胜古迹，还有许多自在漫游的鹿群，游客可以购买路边出售的鹿饼干进行喂食（但要注意安全）。

# 日本的味道

### 天妇罗

在肉类或蔬菜上面裹上一层薄薄的鸡蛋面糊后，放入油锅中炸制而成。好的天妇罗外壳酥脆，而内部食材保持原汁原味。吃的时候可以搭配天妇罗酱汁，以及姜泥、萝卜泥等一同食用。

### 寿司

日本传统料理之一，把用醋、糖、盐等调过味的米饭煮熟降温后，再加上海鲜、蔬菜、鸡蛋等食材作为配料。寿司种类多样，味道鲜美，一般搭配酱油或芥末食用。

### 鳗鱼饭

将鳗鱼肉清蒸后再反复刷上多层酱汁，用炭火慢烤入味，再把烤好的鳗鱼肉放在一碗热腾腾的白米饭上，最后再浇上一层酱汁，一份鳗鱼饭就做好了。

### 日式拉面

原本起源于中国，后在日本发展出独特而丰富的体系。日式拉面的灵魂在汤上，日本人在吃面之前一定会先喝一口汤。常见的汤头类型有豚骨、酱油、味噌、盐味等，配菜包括叉烧、鸡蛋、葱、笋和海苔等等。

# 新加坡
## 独具魅力的"花园城市"

新加坡位于亚洲东南部，马来半岛南端，由新加坡岛及周边六十多个小岛组成，别称"狮城""星岛"。

19世纪初，新加坡还只是一个小渔村，如今已经发展成东南亚唯一的发达国家。

新加坡的发展离不开它得天独厚的地理位置，更离不开数量庞大、勤劳肯干的各国移民，其中以华人华侨为多。

由于历史原因，许多旅居海外的华人华侨没有机会回到中国。他们虽身处异国他乡，却仍深深眷恋故乡。

下面我们要读的这篇文章选段，便是作者以第一人称视角所讲述的一位老华侨的思乡之情。

### 课本直播间

我出生在东南亚的星岛，从小和外祖父生活在一起。外祖父年轻时读了不少经、史、诗、词，又能书善画，在星岛文坛颇负盛名。我很小的时候，外祖父常常抱着我，坐在梨花木大交椅上，一遍又一遍、不厌其烦地教我读唐诗宋词。每当读到"独在异乡为异客，每逢佳节倍思亲""春草明年绿，王孙归不归""自在飞花轻似梦，无边丝雨细如愁"之类的句子，常会有一颗两颗冰凉的泪珠落在我的腮边、手背。老人总是摇摇头，长长地叹一口气，说："莺儿，你还小呢，不懂！"

——陈慧瑛《梅花魂》（节选）

### 作者简介

陈慧瑛,著名作家、诗人。1946年出生于新加坡,归国华侨,祖籍福建厦门。作品集有《无名的星》《展翅的白鹭》等。

### 写作手法

《梅花魂》这篇文章,通过"我"与"外祖父"相处的几个片段,描绘出外祖父对祖国的热爱与思念。

选段部分讲述了"外祖父教诗词"这件事。行文中,作者并没有直接说出"外祖父思念故乡"这句话,而是通过一些细节,让读者自己体会到这一点。

文中提到的几句诗词,带着淡淡的忧思,正是外祖父心境的体现。外祖父读到这些诗词时,"常会有一颗两颗冰凉的泪珠落在我的腮边、手背",当时的"我"懵懵懂懂,读者却能从中读出外祖父的思乡之情;再往深处想,"教读诗词"这件事,还蕴含着外祖父的一番苦心——从小让"我"接触祖国文化的熏陶,潜移默化地培养"我"对祖国的亲近与熟悉之感。

## 独特的名片

姓名：新加坡
地位：亚洲重要的国际金融中心
美誉：花园城市、"亚洲四小龙"之一
景点：圣淘沙岛、鱼尾狮公园、牛车水、滨海湾花园
美食：海南鸡饭、肉骨茶、叻（lè）沙、咖喱鱼头、椰浆饭

## 探寻新加坡文化

 **法定公共假期**　新加坡的公共假期涵盖了多个民族和宗教的节日，包括华人的农历新年、穆斯林的开斋节和哈芝节、佛教印度教的卫塞节和屠妖节、基督教的耶稣受难日和圣诞节等，这些节假日也是新加坡多元文化的最好证明。

 **新加坡国庆日**　每年的8月9日是新加坡国庆日，以纪念新加坡于1965年8月9日正式成为一个独立的国家。每年的国庆日，新加坡都会举办大型的庆典活动，包括阅兵仪式，队伍大游行，以及烟花表演等。

 **组屋**　新加坡有超过80%的人居住在组屋，也就是政府建设的保障型住房内。组屋居住环境较好，价格较为低廉。因此，虽然新加坡物价十分昂贵，但绝大多数本地公民都能拥有自己的住房，实现"居者有其屋"。

## 多元文化融合并存

新加坡是一个移民国家,华人占了新加坡总人口的74.2%,马来族占13.3%,印度裔占9.2%。

不管是哪个民族的文化,在新加坡都能和谐共存。这种多元文化的融合,也构建出新加坡独特的民族文化。

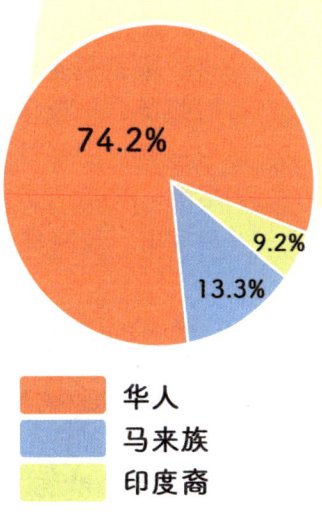

- 华人
- 马来族
- 印度裔

## 你知道吗?

### "狮城"名字的由来

公元14世纪左右,苏门答腊的一位王子率领船队在海上航行,不幸遭遇狂风大浪,险些沉船。王子把头上的王冠丢进海里,风浪奇迹般地停了下来。

王子看见海平面的尽头有一座小岛,便在小岛停下歇脚。在岛上,王子看见一头长相凶猛的猛兽,便问手下大臣这是什么动物。大臣回答说,是一头狮子。

王子感叹说:看来我和这个地方有缘,先前把王冠丢进海里,风浪便停了;又在岛上看见一头狮子,是吉兆。

于是王子决定在这座小岛上建城,并把小岛起名叫Singapura。其中Singa意为"狮子",Pura意为"城"。后来Singapura逐渐演变成英文的Singapore,音译过来,就成了"新加坡"。虽然后来人们发现新加坡岛上并没有狮子,王子见到的可能是一只老虎,但这个有趣的故事还是流传了下来。

# 新加坡的景色

## 📍 鱼尾狮公园

新加坡的标志性景点之一，公园里的鱼尾狮喷泉雕像吸引了许多游客前来拍照留念。鱼尾狮是一只狮头鱼身的虚构动物，上半身是狮子，代表新加坡的别名"狮城"；下半身是鱼，象征着新加坡由一座默默无闻的小渔村发展而来。

## 📍 滨海湾花园

位于新加坡市中心的超级花园，展现了新加坡作为"花园城市"的精髓。这里有着世界最大的玻璃温室花穹，种植着来自全球的3万多株花卉和植物；此外，这里还有18座钢铁结构的擎天大树，夜晚的"擎天树灯光秀"也非常值得一看。

## 📍 牛车水

早期华人移民的聚居区，距今已有两百多年历史。因当时没有自来水，用牛车运水的场景非常普遍，故得名"牛车水"。作为新加坡的"唐人街"，牛车水保留了许多中华文化特色。

## 📍 圣淘沙岛

位于新加坡南部的一座人工岛屿，面积不大，却是新加坡著名的"吃喝玩乐岛"。岛上有着长达3.2千米的沙滩，还有各式各样的主题公园，比如新加坡环球影城、S.E.A海洋馆、水上探险乐园等。

# 新加坡的味道

### 肉骨茶

肉骨茶是新加坡的一道特色美食。它选用上等新鲜猪排骨，配以丁香、肉桂、八角等多种香料和药材，经过长时间炖煮而成，汤汁浓郁，香气扑鼻。食用时，搭配米饭或油条，也可以根据个人口味加入胡椒粉、酱油等调料。肉骨茶不仅美味可口，而且营养丰富，是新加坡饮食文化的重要组成部分。

### 海南鸡饭

又称"鸡饭"，据说最初由海南移民带到新加坡，现已成为一道新加坡的国家级美食。鲜嫩多汁的白斩鸡搭配鸡汤煮成的米饭，再配上酱油、辣椒和姜茸为佐料，十分美味。

### 椰浆饭

最初起源于马来西亚，后来成为新加坡一道国民美食。椰奶煮成的米饭，搭配炸鸡翅、炸小鱼、鸡蛋、黄瓜片等配菜，佐以特制的参巴辣椒酱，是一道色香味俱全的招牌美食。

### 叻沙

用椰浆、咖喱、辣椒、海鲜等食材制成汤头，配上煮熟的圆米粉和小青菜，汤底的甜味、咸味、辣味相融合成一种独特的香味，很受当地人欢迎。

# 威尼斯
## 古典浪漫的水上都市

威尼斯位于意大利东北部，由118个岛屿组成，并以177条水道、401座桥梁将各个岛屿连成一体。

在威尼斯老城区，运河取代了公路的功能，主要的交通模式是步行与水上交通。而其中最知名的水上交通工具，莫过于马克·吐温笔下的"威尼斯的小艇"了。

### 课本直播间

威尼斯是世界闻名的水上城市，河道纵横交错，小艇成了主要的交通工具，等于大街上的汽车。

威尼斯的小艇有二三十英尺长，又窄又深，有点儿像独木舟。船头和船艄向上翘起，像挂在天边的新月；行动轻快灵活，仿佛田沟里的水蛇。

——［美］马克·吐温《威尼斯的小艇》（节选）

### 作者简介

马克·吐温,美国著名作家,原名萨缪尔·兰亨·克莱门,马克·吐温是他的笔名。代表作有《百万英镑》《汤姆·索亚历险记》《哈克贝利·费恩历险记》等。

### 写作手法

在《威尼斯的小艇》(节选)中,作者选取了几个不同的角度,用比喻的手法写出了小艇的特点。

首先,作者用汽车来比喻小艇,生动地描绘出小艇在运河中穿行的画面;接下来是关于小艇外在与内在特征的比喻:小艇又窄又深,有点儿像独木舟;船头和船艄向上翘起,像挂在天边的新月。一下子就把小船窄而深、两端上翘的特点写出来了;作者又将小艇比喻成水蛇,凸显了小艇行动轻快、灵活的特点。

# 独特的名片

姓名：威尼斯
地位：全球最受欢迎的旅游地之一、
　　　被列入世界人类文化遗产名录
美誉：世界水城、百岛之城
景点：圣马可广场、叹息桥、威尼斯大运河、穆拉诺岛
美食：墨鱼面、玛格丽特比萨、醋渍沙丁鱼、威尼斯小牛肝

## 探寻威尼斯文化

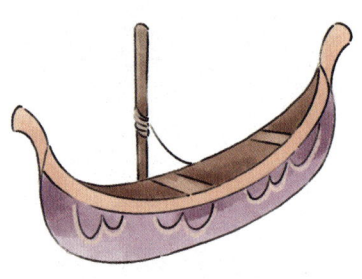

**贡多拉** 即课文《威尼斯的小艇》中提到的小船。这种造型特别的小艇距今已有一千多年的历史，如今已成为威尼斯最广为人知的象征。乘坐贡多拉也是观赏威尼斯运河沿途美景的最佳方式之一。

**水上建筑** 威尼斯是一座在淤泥上建造起来的城市。人们先将密密麻麻的木桩插入水底的淤泥之中，当作地基打牢；再在木桩之上铺设木板，木板之上再铺一层又大又厚的防水石板，再在这些石板之上用砖石建成一座座建筑。所以也有人说，威尼斯城"上面是石头，下面是森林"。

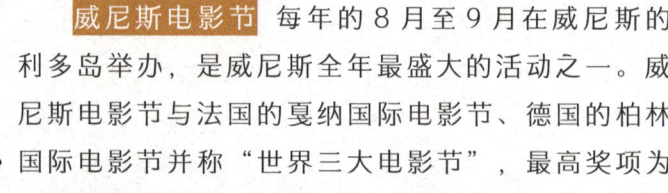

**威尼斯电影节** 每年的8月至9月在威尼斯的利多岛举办，是威尼斯全年最盛大的活动之一。威尼斯电影节与法国的戛纳国际电影节、德国的柏林国际电影节并称"世界三大电影节"，最高奖项为"金狮奖"。

# "没有汽车的城市"

威尼斯有个外号,叫作"没有汽车的城市"。的确,在水路纵横的威尼斯主岛,几乎没有公路,自然也谈不上行驶汽车甚至自行车了。

不过,在主岛之外的威尼斯大陆区域,是可以通行汽车的。游客可以在威尼斯的大陆区,乘坐汽车或火车穿过连接大陆和主岛的自由大桥,来到位于威尼斯主岛的圣露西亚车站,接下来的游玩,就得靠步行或水上的交通工具啦!

## 你知道吗?

### 威尼斯会沉没吗?

威尼斯正以每年1~2毫米的速度缓慢下沉。

下沉的原因有许多,例如全球变暖导致冰川融化,海平面不断上升,使威尼斯面临着被淹没的危险;雪上加霜的是,由于种种原因,威尼斯的城市地面还在不断下沉。

尽管近年来威尼斯已经启动了名为"摩西计划"的水利项目,也在不断进行城市基础设施的维护和修缮,但目前效果并不显著。已有科学家发出预警,这座美丽的水上之城,也许会在一个世纪内沉没。

## 威尼斯的景色

### 🔴 圣马可广场

威尼斯最知名的地标之一,曾被拿破仑誉为"欧洲最美的会客厅"。一直以来,圣马可广场都是威尼斯重要政府机构的所在地,同时也是许多超大型节日活动的举办地。广场内还有圣马可大教堂、圣马可钟楼,以及总督府等建筑。

### 🔴 叹息桥

位于圣马可广场附近,总督府侧面,是一座密封且带有窗户的石拱桥,建于17世纪早期。桥的一侧连接着总督府,另一侧连接着监狱。传说,犯人被押解过桥时往往会忏悔叹息,故而得名"叹息桥"。

### 🔴 威尼斯大运河

威尼斯古城区最主要的交通要道之一,长约3.8千米,宽30至70米,形状像一个反写的"S"形,蜿蜒着穿过市中心。大运河的一端位于圣卢西亚车站附近,另一端则位于圣马可广场附近。运河两岸不同风格的古老建筑,尽显历史繁华。

### 🔴 穆拉诺岛

别名"玻璃岛",位于威尼斯以北1.6公里。穆拉诺在历史上曾是世界玻璃制造业的中心,如今"穆拉诺玻璃"仍旧是精美且色彩斑斓的代名词。在岛上的玻璃工厂,游客可以近距离参观工匠们如何制作玻璃,还可以尝试亲自吹制玻璃。

# 威尼斯的味道

### 墨鱼面

传统的长条意大利面加入新鲜的墨鱼汁烹煮,再将用墨鱼块、洋葱、欧芹炒制的配菜与煮好的面拌在一起,让每根面条都充分地沾上酱汁。虽然看上去像"黑暗料理",味道却十分鲜美。

### 威尼斯小牛肝

威尼斯的一道传统菜肴,用牛油炒香洋葱后,放入鲜嫩的犊牛肝薄片煎熟。洋葱的甜味与鲜嫩多汁的牛肝相互交融,形成独特的风味。

### 醋渍沙丁鱼

先将沙丁鱼切块,用热油炸熟之后,再加入洋葱炒软,接着放入葡萄干和松子搅拌调味,最后放入醋里腌制。味道较酸,是一道威尼斯的经典开胃菜。

### 玛格丽特比萨

是威尼斯乃至意大利最为常见的经典比萨之一,因1889年一位厨师将其献给玛格丽特王后而得名。由于比萨使用番茄、乳酪和罗勒作为原料,原料的红、白、绿三种颜色刚好也是意大利国旗的颜色,于是也被视为意大利的"国食"。

# 我的旅行日志

图书在版编目（CIP）数据

跟着课本去游学 / 瓦猫工作室, 王慧雅著 ; 布谷插画绘. -- 太原 : 山西人民出版社, 2025.6. -- ISBN 978-7-203-13747-4

Ⅰ.G624.203

中国国家版本馆CIP数据核字第20256KR144号

### 跟着课本去游学

著　　　者：瓦猫工作室　王慧雅
绘　　　者：布谷插画
责任编辑：孙宇欣
复　　　审：魏美荣
终　　　审：贺　权
装帧设计：宋　双

出　版　者：山西出版传媒集团・山西人民出版社
地　　　址：太原市建设南路21号
邮　　　编：030012
发行营销：0351-4922220　4955996　4956039　4922127（传真）
天猫官网：https://sxrmcbs.tmall.com　电话：0351-4922159
E-mail：sxskcb@163.com　发行部
　　　　　sxskcb@126.com　总编室
网　　　址：www.sxskcb.com

经　销　者：山西出版传媒集团・山西人民出版社
承　印　厂：雅迪云印（天津）科技有限公司

开　　　本：710mm×1000mm　1/16
印　　　张：13
字　　　数：330千字
版　　　次：2025年6月　第1版
印　　　次：2025年6月　第1次印刷
书　　　号：ISBN 978-7-203-13747-4
定　　　价：58.00元

如有印装质量问题请与本社联系调换